人生がうまくいかないと
感じる人のための

超アウトプット入門

安達裕哉

人生がうまくいかないと感じる人のための

超アウトプット入門

一生懸命やっているのに
プロジェクトがうまく進まない
もしかして自分は
〝デキないヤツ〟
なのか……？

「目に見える成果物をつくる」つまり、

アウトプットを中心にすれば

仕事が劇的によい方向に向かい始めた！

はじめに

ビジネスパーソンであれば、「とにかくアウトプットすることが大事」というアドバイスを一度は聞いたことがあるのではないでしょうか。

ただ、その「アウトプット」という言葉は、多くの場合誤解されているようです。

例えば、アウトプットというと、

「ブログを書く」
「スピーチをする」
「SNSで発言する」
「動画を作る」

といった、わかりやすい「情報発信」をイメージする方が多いのではないでしょうか。

あるいは、生活の中で仕事の成果をより重視している方は、

「仕事で数字を残す」
「新規事業を立ち上げる」

「起業する」
といったことを、イメージされるかもしれません。

先に挙げたことはすべて、アウトプットの一つではありますが、「アウトプット」という言葉を、そうした狭い意味だけでとらえるのは非常にもったいないことでもあります。

なぜなら、アウトプットとは「他者の目に見え、感じることができる活動」すべてを指すからです。情報発信だけではなく、他者への態度、つちかった評判などをすべて含んだ概念なのです。

ですから、「アウトプット」はすべての人間関係の礎《いしずえ》となり、「アウトプットが大事」という考え方は、よりよい人生を過ごすための鍵となる概念になります。

例を挙げましょう。

例えば、友人やパートナー、あるいは家族を大事にしたいと思っていたとします。

しかし「思っている」だけでは何も起きません。

実際に「大事にする」には、アウトプットが必要です。

面倒くさがらずに相手の話を聞く
礼儀正しくふるまう
相手を楽しませる
住まいの掃除をする
一緒に出かける

こうしたことはすべて、「他者の目に見え、感じることができる活動」ですから、アウトプットと呼べます。

また、仕事においても、

服装や髪形を整える
頭の中のノウハウを文書化する
会議で積極的に発言する
雑用を引き受ける
部下の相談に乗る
困っている人に声をかける

といったことはすべて、アウトプットです。

繰り返しになりますが「アウトプットせよ」というアドバイスの字面だけをとらえて、何かしらの創作、例えばブログや動画、あるいはSNSなどでの情報発信だけをイメージする方も多いようですが、全くそんなことはありません。

この本は、そうした「アウトプット中心の生き方」をどのように実践するかを、わかりやすく物語形式にしてみました。

「アウトプットせよ」は、具体的にどのような行動に結びつくのか。

主人公の目線を通して、読者の皆様にご紹介できればと思います。

目次

CHARACTERS

宇和島昇	入社3年目のシニア・コンサルタント。適応能力や学習能力は高いが、積極性やリーダーシップに欠け、コンサルタントとして伸び悩みを感じている。新規webメディアの立ち上げプロジェクトで起死回生を狙うが……。
石橋鉄雄	宇和島の大学時代の友人。大学時代は就活で苦労していたが、今はキャリアコンサルタントとして活躍している。素直でストレートな性格。
冷泉進太郎	宇和島の上司で、社内でも指折りの優秀なシニア・マネジャー。仕事の成果に厳しく、全社的に恐れられている。
草壁四郎	宇和島の後輩。TwitterなどSNSが好きで、飲食店の情報にも明るいイマドキの青年。宇和島と同じプロジェクトのメンバーだが……。
立花真知	宇和島と同期入社の同僚。異例のスピードでマネジャーに昇格した才媛。仕事ができるうえに気さくで親切な性格なので、周囲から慕われている。
二階堂	宇和島の新規webメディア立ち上げプロジェクトに参加する、SNSマーケティングに強い若手社員。長身で身なりの整った、いかにも“デキる男”。
牛丸	新規webメディアの立ち上げプロジェクトのクライアントの常務取締役。口ばかりで手を動かさない宇和島に不信感を持っている。

Chapter

1

夢もない、やりたいことこともない

社会人5年目のコンサルタント・宇和島はやっかいなクライアントに悩まされていた。さらに、会社の上司からは「宇和島の進め方が悪い」と指摘され、後輩は気鋭のスタートアップに転職。「どうしてオレだけ……」と、悩む宇和島の前に大学時代の友人・石橋が現れて、「『アウトプット』をすれば会社で評価されるようになる」と告げる。

クライアントからのクレーム

蒸し暑い夜だった。

宇和島昇《うわじまのぼる》は、クライアントとの会食を終え、後輩の草壁四郎《くさかべしろう》とオフィス近くのバーで、好物のスコッチ・ウイスキーの入ったグラスを片手に反省会をしていた。

「今日の提案はうまくいきましたね」

草壁は安堵した様子で言った。

「だな……、これでプロジェクトの軌道修正ができる」

「それにしても、冷泉《れいぜい》さんはやっぱり、凄いっすね」

と草壁は無邪気に言う。

二人の上司の冷泉進太郎《しんたろう》※シニア・マネジャーは今日の会食で、クライアントの不信を一気に払拭した。

古くからある、大手企業の社員は、必ずしもｗｅｂに詳しい人ばかりではないのだが、冷泉の説得は的確だった。

ｗｅｂメディアの立ち上げプロジェクトはこれで難局を切り抜けた形となる。

だが、宇和島は釈然としないものを感じていた。

自分のプロジェクトの進め方は間違っていなかったはずだ。それなのに、あの客ときたら文句ばかり。

しかも、クライアントから担当交代の要求まで出ている。現場を任されていた宇和島に対するマイナス評価は避けられないだろう。

思えばこのプロジェクトは最初から、悩まされっぱなしだった。

クライアントは事あるごとに、

「作業マニュアルをカスタマイズしてくれ」

「どちらがいいか決めてくれ」

「議事録をつくれ」

と宇和島に要求してきた。

しかし、コンサルタント※はあくまでアドバイザーだ。また、作業を実施するのはクライ

※シニア・マネジャー…プロジェクトの指揮監督や予算管理、クライアントとの折衝を行い、売上責任を持つ上級職。社内の人材育成や採用にもコミットする。
※コンサルタント…クライアントの課題を明らかにして、解決のための情報提供やサポートを行う職業。

アント側の役割だと考える宇和島は、

「作業マニュアルのカスタマイズは貴社でお願いします」

「決めるのは皆様です」

「議事録を書くのは弊社の分担ではありません」

と要望を突っぱねた。だが、クライアントの不満は募る。プロジェクトはストップし、ついに冷泉シニア・マネジャーにクレームがいったところで事態の収拾がついた、という状況だ。

草壁はグラスを空《から》にして席を立つと、「もう帰ります」と店員に告げ、宇和島に向き直った。

「とりあえず今回のクレームは収まりましたけど、大変でしたね。お疲れさまでした。明日は何時からですか？」

「明日は……一〇時からだったかな。確か」

「了解っす。じゃ、また明日、よろしくお願いします。冷泉さんから転送されたメールは見ときます」

「ああ、よろしく」

宇和島は草壁と別れたあと、冷泉とのやり取りを思い出した。

冷泉はクレームを受けると、直ちに状況を聞いて進捗《しんちょく》を確認し、資料にも目を通すと、即座に「宇和島の進め方が悪い」と断定した。

加えて、クライアントがこなしきれずにいるタスクをすべて拾いあげ、一部をこちらで引き受けるように指示を出した。

宇和島は思わず「それはクライアントの分担では……？」と反論したが、冷泉は冷たく言い放った。

「分担……？　それを言うなら、プロジェクトを前に進めるのがコンサルタントの分担だ。動かないクライアントを動かすために、宇和島が率先して手本を示さなくてはならないのでは？」

有無を言わせぬ冷泉の指摘に、宇和島は何も言い返せなかった。

＊

結局、宇和島と草壁は休日を返上し、作業に取り組むハメになった。とはいえ、宇和島は休日のオフィスが嫌いではなかった。

メールは来ず、電話は鳴らず、話しかけてくる人もおらず、集中して仕事に取り組むのにはちょっとした特別感すらあった。

だが、今回はやり場のない怒りがこみ上げてくる。

客だからといって、偉いわけじゃねえっつうの、と思わず愚痴が漏れそうになる。

ブツブツと文句を垂れる宇和島を見かねて、草壁は忠告した。

「早くやらないと、間に合わないっすよ。宇和島さん」

宇和島は我に返った。

「あ、悪い」

草壁は宇和島の返事を気にするでもなく、テキパキと作業を進めていく。

「ところで宇和島さん、この推進手順のフローチャート、冷泉さんはタテ書きとヨコ書きとどっちにしろって言ってました?」

「どっちでも……大丈夫だと思う」

「じゃ、ヨコにしますね。この前お客さんから『わかりやすい』って言われたの、確かこっちだったと思うんで」

「じゃあ、それでよろしく」

草壁のおかげで、昼過ぎにはすべて作業は終わった。

何もかも冷泉の指示どおりだ。これで文句を言われる筋合いはない。

上司は冷徹に評価する

翌週の水曜日。宇和島たちの行った作業は無事クライアントに受け入れられ、プロジェクトは再スタートした。

しかしその席上で「プロジェクトのマネジャーは宇和島のまま」という部分にクライアントの一人が不満を述べた。

常務取締役の牛丸《うしまる》だ。

「冷泉さん。私はね、宇和島さんのコンサルタントとしての能力に若干疑問が残ってるんだよ。きちんと対応してくれるんだろうね」

牛丸はプロジェクトの開始当初から、「話が見えない」「それはコンサルの分担だ」などと、何かと宇和島の仕事にケチを付けてきた人物で、宇和島をプロジェクトから外せと主張したのも彼だった。

しかし、先日の話し合いで、宇和島の続投は合意が取れていたはず。

宇和島はギクリとしたが、冷泉は冷静に答えた。

「恐縮です、牛丸さん。ただ宇和島にはきっちり作業をやらせますし、実質的には私が見ますので」

牛丸はそれを聞くと、

「頼むよー、またあんな事になったらたまんないからね」

と、すぐに引き下がった。

おそらく牽制《けんせい》だ、と宇和島は思った。牛丸はこの場で宇和島に恥をかかせたかったのだ。

……が、表情に出してはいけない。平静を装って、「大変申し訳ございませんでした。

再発防止に注力してまいります」と頭を下げた。

*

宇和島はコンサルティング会社で入社三年目のシニア・コンサルタント[※]だ。

新卒で入った大手電機メーカーを二年で辞め、転職した。宇和島は「自分は仕事ができるはず」という強い自負を持っていた。前職では「作業が早い」「納期を守る」と、高い評価を受けていたし、上司の覚えもよかったからだ。

そこで人気のコンサルティング業界に飛び込んでみたのだ。

ところが、現実は甘くはなかった。

残念ながら宇和島は、コンサルタントとして十分な実績を残せずにいた。

同世代には能力的に平凡でも、大きなプロジェクトを切り盛りしているやつがたくさんいる。

コンサルティング会社では、マネジャー以上とそれ未満では待遇に雲泥の差があるため、

※シニア・コンサルタント…コンサルタントとしてクライアントに価値提供が実現でき、マネジャーの補佐やジュニア・コンサルタントのフォローなどが期待されるポジション。

宇和島はなんとしても早いうちにマネジャーに昇格したかったが、人事評価では**「能力は高いが、リーダーシップに欠ける」**とされていた。

しかし宇和島は、自分の何が悪いのか、なぜリーダーシップに欠けるという評価をされるのか、理解できていなかった。中途入社して四、五年でマネジャーになれなければ、出世の道は絶たれるし、周囲の目も厳しくなる。

宇和島は焦っていた。

そんな折、以前仕事を一緒にしたシニア・マネジャーの冷泉から、ｗｅｂメディアの立ち上げプロジェクトに加われと、声がかかった。

宇和島は冷泉の腹の中はよくわからなかったが、貴重なチャンスだと思い、引き受けた。

だが、つまずいてしまった。冷泉は極めて仕事ができるシニア・マネジャーで、おそらく最年少で※パートナーに昇進するだろうと噂されている。もちろん、成果には非常に厳しい。

残念なことに、冷泉を失望させてしまった。もう出世の見込みはないのかもしれない。

最近、宇和島は仕事が嫌でしょうがなかった。

能力に差がない同期が出世しているのはなぜ？

翌日。

オフィスに到着した宇和島は自分の席を探した。

客先に常駐することもあるので、オフィスはフリーアドレス制だ。つまり「自分の決まった席」がない。

お気に入りの場所を決めて、いつも同じ席に座る人も多いが、宇和島は気分によって席を替えることが好きだった。

入り口から遠い、窓際の席が空いていたので、宇和島は荷物を置いてパントリー※にコーヒーを取りに行く。すると、そこでは同期の立花《たちばな》真知《まち》がコーヒーを飲んでいた。

立花は今年、異例の速さでマネジャーに出世した才媛だ。

※パートナー…コンサルタントのキャリアパスの最終点。会社の「共同経営者」として経営に責任を持つ。一般企業でいう役員クラスにあたる。
※パントリー…飲みものや軽いスナックなどが常備されているスペース。

だがそれを鼻にかけることがなく、**困っている人を積極的に助けることから、上司だけではなく、同僚の信頼も厚い。**年齢はわからないが、宇和島よりは年上のはずだ。整った顔だちだが、人によって好みは大きく分かれるだろう。プライベートの話を一切しないため、普段何をやっているのかは全くの謎だ。

同期入社で、研修のときに同じグループだったため、たまに顔を合わせると挨拶を交わす。とくに、協働作業だった研修の最終課題では、上司へのプレゼンテーションの内容について意見を戦わせたことを宇和島はよく覚えていた。

結果として、立花とのディスカッションで生まれたプレゼンテーションは最優秀に一歩及ばなかったものの、**アイデアの面白さとしてはナンバーワンであると役員から称賛をもらったこともあり、それ以来、宇和島は彼女に一目置いている。**

だが宇和島は内心、彼女と自分の能力に大した差はないと思っていた。それなのになぜ、彼女はマネジャーになり、自分はうだつが上がらないのか。立花を嫌いではなかったが、ちょっとした嫉妬心を覚えることはあった。

最近は立花も担当のプロジェクトが忙しいらしく、疎遠になっていたが、彼女は屈託なく話しかけてきた。

「あ、久しぶりー。今日はオフィスなんだ。最近いなかったよね？」

「本来は虎ノ門なんですが、今はプロジェクトがちょっと止まってるので」

「ふーん。大変だね。私もようやくプロジェクトの調査フェーズが終わって、今日は資料作成だよー」

「お疲れさまです」

ひととおり挨拶すると、何を話題にしていいかわからず、宇和島は黙ってしまった。

コーヒーメーカーがうなっている。すると、立花は急に思い出したように言った。

「あ、そうそう。この前『宇和島さんのこと知ってる』って人と会ったよ」

「え、誰ですか？」

「石橋《いしばし》さんって人」

「ああ、石橋ですか。知ってます。学生時代の友人です」

彼女が言っている人物は、石橋鉄雄《てつお》。宇和島の学生時代の同期だ。

入学以来、大学三年生の半ばまでは、よくつるんで遊んでいた。アルバイト先が重なっていたこともある。

だが親交があったのは、就職活動の半ばまでだった。

自己主張が強く、ＴＰＯを無視した恰好をしたり、無礼な面接官に喧嘩を売ったりする性格の鉄雄はどうしても内定が決まらなかった。

その割には自分自身の行動を変えようともせず、むしろ愚痴ばかり増える鉄雄に、徐々に周囲は辟易《へきえき》していった。

そしてある日、大手金融機関の面接がテンプレの質問ばかりでムカつくとケチをつけていた鉄雄に、宇和島は「テンプレどおりにやれよ、そういう人が求められてるのが就活なんだからさ」と言ってしまった。

鉄雄はショックを受けたようだった。

「……そんなの、前からわかってるよ」

彼はポツリとつぶやくと、その場を去った。

宇和島はそれきり、鉄雄と連絡を取らなくなった。しばらく前から大手メーカーの内定を持っていた宇和島は、鉄雄と会っても気まずいだけだったからだ。向こうからも連絡は来ず、徐々に二人は疎遠になっていった。

「どこで会ったんですか?」

「一週間くらい前に、キャリアプランに関するセミナーがあったんだけど、その講師だった。ウチのボスから、『いいセミナーだった』って言われたから、行ってみたの」

「鉄雄が講師? ……なんで私の話に?」

「さあ? 事情はわからないけど、セミナーのあと質問に行ったら、私の名刺の会社名を見てすぐに『宇和島さんて、知りませんかね』って聞かれた。それで『連絡先を教えてもらえないですか』って言われたから、『教えていいかどうか、本人に聞いておきます』って返事しといた」

「そうなんですね」

「石橋さんの連絡先、必要?」

「メールに送っておいてもらえると助かります」

「わかった」

そう言って立ち去ろうとした立花に、宇和島は思い切って声をかけた。

「あ、立花さん、実は……ちょっとプロジェクトで失敗してしまって。よかったらどこかで話を聞いてもらえないかなと」

悩んでいる今こそ、立花に話を聞いてもらいたかった。

「聞いてるよ。クレームもらっちゃったって」

「恥ずかしながら……そうなんです」

「冷泉さん、厳しかったでしょ」

「めちゃめちゃ詰められました」

「いいよー、じゃまた」

後輩の転職が羨ましい

一九時になった。あたりはうす暗い。

仕事が一段落した宇和島は昼間の立花とのやり取りを思い出した。

そういえば、鉄雄が講師って言ってたな……。フルネームで検索をかけると、大手のビジネスサイトに記事の連載があり、各所で講演までしているようだ。

「マジか……」

あの鉄雄が？　と、疑問に思いながら、スマホを片手に宇和島が退出の準備をしていると、草壁からＬＩＮＥのメッセージが入った。草壁からメールではなく、ＬＩＮＥが入るのは珍しい。何事かと思い、宇和島はメッセージを開いた。


〝ちょっと話があるんですけど、今から空いてますか？〟


問題ない、と返信すると、「そっち行きますんで」と再度メッセージが入った。

宇和島は、Ａ会議室にいると草壁に返信し、オフィスを通り抜け、反対側の会議室まで移動した。まだ草壁は来ていない。着席してノートＰＣを開くと、立花からのメールが入っていた。

しかし、なんとなく宇和島はそれを開く気になれなかった。

あの鉄雄が有名人？　なんでセミナー講師なのか……今更連絡を取りたいとはどうしてなのか……。

物思いにふけっていると、草壁が会議室に入ってきた。

「すんません、遅くなりました」

「いや、私も来たばかりなので」

草壁は席につくなり、申し訳なさそうに言った。

「実は、会社を辞めようと思ってるんですよ」

なんとなく、そうじゃないかと予想していたことが当たった。

「いつ？」

「来月末です。ちょうどプロジェクトもストップして切れ目でしたので」

「そっかぁ」

草壁の性格からして、引き止めても無駄だろうと宇和島は思った。

「ホント、すんません。前から考えてはいたのですが」

しばしの沈黙のあと、宇和島は尋ねた。

「どこに転職？」

「フィンテック[※]のスタートアップです。ちょうど昨日、日経にも出てました」

名前を聞くと、宇和島も知っている会社だった。最近、ウチの会社が提案活動をしていたとも聞く。

才能ある人が集まる会社だ。宇和島は羨ましかったが、平静を装った。

「それはおめでとう。……転職先では何をするの？」

確か、草壁にはプログラミングはできなかったはずだ。

テクノロジー主体の会社に行って、何をするというのだろう。

「webのマーケティングですよ」

マーケティング……？　草壁はマーケティングが得意だったのだろうか？　初めて聞いた。

「え？　マーケって、草壁の専門分野だっけ？」

「あ、いや、**ウチの仕事ではそんなにやってないですよ。でも、前からTwitterやブログをやってまして……。結構私、フォロワーいるんですよ**」

草壁のスマートフォンで、彼が運用しているというアカウントを見ると、すでに五万を超えるフォロワーがいる。

だが、それ以上に驚いたのは、アカウントのアイコンに見覚えがあったことだ。

「これがブログです」と、草壁は、自分の運営するブログも見せてくれた。月に二〇万人

※フィンテック…Finance（金融）とTechnology（技術）を組み合わせた造語。ICT（情報通信技術）を駆使した革新的な金融商品・サービスを指す。仮想通貨、クラウドファンディングなどもフィンテックのカテゴリの１つ。

以上が訪れると草壁は言う。

それを見て、宇和島は確信した。

これはオレが愛読しているブログだ。Facebookで何度かシェアしたこともある。

「このブログ、草壁がやってたの？」

内容からして、ひょっとしたら社内の人間じゃないかと思っていたが、まさかこれほど身近にいたとは……。

あっけにとられていると、草壁が言った。

「そっす。宇和島さんが読んでてくれてたことは知ってたんですが、すみません、会社にバレたくないんで黙ってました。転職先の社長も私のブログ、読んでてくれてたみたいでして、『他の業界にもチャレンジしたい』と書いたとき、ダイレクトメッセージでちょっと誘われてたんです。コンサルティング会社より面白いぞって。結構迷ったんですが、ほら、プロジェクト止まったじゃないですか。だからいい機会だと思って。引き継ぎはしっかりやりますんで、あとで相談させてください、よろしくお願いします。じゃ、これから冷泉さんにも話してきます」

一人残された宇和島は呆然としていた。

……あいつ、結構色々と考えてたんだな……。

帰路についた宇和島はモヤモヤが頭から取れなかった。

「なんだよ。オレを馬鹿にしやがって」とつぶやき、何ということもなく転職サイトを眺めだした。

なぜ自分はダメなのか

宇和島は自分に幻滅していた。

立花も草壁も、宇和島にとっては少し前まで自分と大して変わらない立場だと思っていた。

が、立花はマネジャーになり、草壁に至ってはもはや別世界の住人だ。かたや自分はプロジェクト一つ満足に推進できず、上司に叱られている。出世の見込みも薄い。宇和島は思わずため息をついた。

一生懸命やってきたはずなのに、何かうまくいかない。

自分と彼らとでは、一体何が違うのだろう。

うわの空で帰宅した彼は部屋の明かりをつけ、そのままベッドに寝転がった。

ポケットからスマートフォンを取り出すと、立花からのメール通知がポップアップされている。鉄雄の連絡先だ。そういえば鉄雄も有名人なのか……。

宇和島は急に昔を思い出した。

あいつも、就職が決まらないときにこんなやるせない気持ちだったのだろうか。

皆が大手に就職を決めていく中で、一人内定を取れない状態……。

でも当時はその辛さを全くわかってあげることができなかった。

テンプレどおりにやれよ、はひどかったな……。

宇和島はここにきて、鉄雄に謝らなければ、と決心した。

連絡を取ってみよう。
立花から送られてきたメールを開き、鉄雄の連絡先を確認する。
それはとある大手の人材紹介会社、しかも肩書は「キャリアコンサルタント」だった。
「ああ、だからキャリアセミナーの講師だったのか」
内定一つ取るのに苦労していた鉄雄が有名キャリアコンサルタント。
宇和島は皮肉なものを感じたが、失敗は人の糧になると、冷泉も言っていた。
鉄雄の話は、キャリアに悩む社会人を救っているのかもしれない。
宇和島は鉄雄にメールを書き、そのまま眠ってしまった。

〝ノボルです。鉄雄久しぶり。
うちの会社の立花さんから連絡先を聞きました。
時間があったら、飲みにでも行こう。〟

上司からの通告

翌朝、宇和島は「予定がなければ、一〇時に席に来てくれ。緊急だ」と冷泉に呼び出された。おそらく、草壁の件だろう。

「わかりました」と返信し、溜まっているメッセージに目を通した。

鉄雄からの返信は見当たらない。

宇和島は席を立ち、シニア・マネジャーのブースに向かった。

冷泉には一回り大きな席が与えられ、横には小さな会議室もある。

彼が会議室の席に腰掛けていることをガラス越しに確認し、宇和島は会議室に入った。

「突然悪いな。ところで草壁が辞めると言ってきた」

「はい、私も昨日聞きました」

「そうか、知ってたか。このタイミングで辞められると結構困るんだがな……。まあ、愚痴を言っても仕方がない。問題はあとをどうするかだ」

「はい、仰るとおりです」

「いま、アサインできそうな人物を探しているが、正直、草壁レベルの人間がすぐに見つかるかどうかはわからない」

宇和島はその言葉につい反応してしまった。

「彼、そんな優秀でしたか？　代わりはいそうですが……」

冷泉は意外そうな顔をして言った。

「何言ってんだ。宇和島は草壁のブログを読んでるだろう。**簡潔で伝わる文章を書けるやつは少ないし、ｗｅｂのことをよくわかっている。ｗｅｂメディアの立ち上げのプロジェクトには不可欠だ**」

宇和島は驚いた。

「あ、ブログのこと、ご存じだったのですね」

「そもそも宇和島がシェアしてただろう。草壁に『文章うまいな』と言ったら、『冷泉さんにバレると思わなかった』だと。なんだ、知らずにシェアしてたのか」

「ええ、実は昨日それも聞きました」

「まあ、クライアントの機密に触れるような記事は書いてなかったから、特に問題にはしなかった」

「冷泉さんもファンだったんですか」

「ま、それほどでもないが、部下の発言には気づきも多いのでね」

冷泉までも読んでいたのか。スタートアップの社長やら、五万のフォロワーやら。凄い影響力だな。まったく、驚かされる。宇和島はまたもや、嫉妬を覚えずにはいられなかった。

「それでだ。草壁の抜ける穴は急には埋まらない。しばらくは作業が増えて、負荷が高い状態が続くと思うが、ｗｅｂメディアのノウハウを学んでほしい。やってくれるな？」

宇和島に、冷泉の頼みを断る選択肢はなかった。

ここで再度活躍できれば、冷泉の信頼も取り返せるかもしれない。

「はい、わかりました。全力を尽くします」

「今度こそ頼んだぞ。ちゃんと準備をして、草壁の穴を埋めてくれ。言っておくが、**いつまでも受け身で仕事ができると思うな**」

受け身……。そう思われていたのか。コンサルティング会社の「使えないやつ」への見切りは早い。つまりは、次のチャンスはない、ということだ。

その日の夕方、仕事を切り上げて帰ろうとすると、メールの着信通知があった。鉄雄だ。

内容は、今週末に丸の内あたりで会わないか、という簡潔なものだった。どうやら飲みではなく、昼間のカフェで会おう、という提案らしい。鉄雄は今、夜に酒を飲まないようにしている、とのことだった。

宇和島も簡潔に返信した。

〝わかった。じゃあ土曜日の一二時に丸の内の丸善のカフェで。〟

それにしても、漠然とした不安がある。

草壁が辞めてしまうと何が起きるのだろう。冷泉の指示を待てばいいのだろうか。

正直、宇和島には「草壁の穴を埋めろ」という冷泉からの指示が今一つピンときていなかった。

具体的には何を為すべきなのか。

宇和島は悩んだが、得意の「勉強」でカバーすればいい、という結論に至った。

ひとまず、本でも買うか。あのあたりには丸善や八重洲ブックセンターなど、大型の書店が多い。鉄雄と会った帰りに、webメディア系の本でも漁って帰ろう。

オレには夢もないし、やりたいこともない

土曜日。

五年ぶりに再会した鉄雄は、学生時代からあまり変わっていないように見えた。

短髪、色黒。紺色のジャケットに白いシャツ、ジーンズを穿いたその姿は、当時を思い起こさせた。そのせいか、宇和島は自然に鉄雄と会話していた。

「全然変わんないな」

「時間をとってもらって悪いね。コンサルは忙しいんだろう？」

鉄雄は学生時代と比べて、幾分礼儀正しく話すようになっていた。

「いつもはね。ただ今はプロジェクトの合間だから、ほぼ定時で終わるよ」

「稼働に起伏があるんだな」

同期の彼はどうなった、彼女は何やってるなど、しばらくは昔話に花が咲いた。

鉄雄のグラスのコーヒーがすべてなくなり、彼は氷を口に含んでガリガリ食べている。

そういえば鉄雄には氷を食べるクセがあったな……と宇和島は懐かしんでいた。


「ところで、なんでオレに連絡を取ろうと思ったの？」

頃合いを見て、宇和島は不思議に思っていたことを聞いた。

「もう知っているかもしれないけど、今自分はキャリアコンサルタントの仕事をしてる。で、コンサルティング会社のキャリアに興味があって、なんなら、実情について聞かせてもらえないかと」

「まあ、いいけど……」

「本当？　助かるよ！」

「でもコンサルなんて、他に沢山いるんじゃないの？　別にオレじゃなくてもよかったと思うんだけど」

「いることはいるんだけど。なかなか本音を聞かせてもらうのが難しくて」

「鉄雄もコンサルタントなんだから、本音を引き出すのが仕事だろ」

宇和島はちょっと笑ってしまった。

「相変わらずキッツイな。じゃ、ちょっと話を聞かせてもらってもいいか？」

「んー、ただ……。あまり参考にならないかもだよ」

するとと鉄雄の表情が変わった。宇和島の話を真剣に聞こうとしているようだ。

大丈夫、今日は鉄雄に謝りに来たんだ。カッコつけている場合じゃない、と思い、宇和島は現状を素直に話した。


仕事がうまくいかないこと。

マネジャーになれないこと。

上司から「受け身」だと言われたこと。

後輩や同僚のキャリアに比べて、自分のキャリアがつまらなく見えること。

転職したほうがいいかどうか迷っていること。


「それでようやくわかったんだ。頑張っているのに結果が出ないことがどんなに辛いか。オレ、就活中、鉄雄にひどいこと言ったよな。会って謝りたかった。ごめん許してくれ」

「許すも何も……」

鉄雄は急に口ごもり、沈黙した。宇和島は、鉄雄の表情を見ても、何を考えているのかを読み取れない。許してもらえたのか、それともまだ恨まれているのか。

宇和島は不躾《ぶしつけ》に話をしてしまったことを少し後悔した。

だが、しばらくの沈黙の後、鉄雄は言った。

「あのさ、一応本職だから、なにかノボルの力になりたいとは思ってる」

「許してくれるのか」

「そんなふうに思ってたとは知らなかった。別に気にしてない」

「……」

だが、宇和島は気づいた。

おそらく、鉄雄は本音をすべて話してくれてはいない。だが鉄雄にこれ以上話を求めても無駄だろう。そもそも、鉄雄は自分の心配をしてくれている。

「相談に乗ってくれるのはとてもありがたい。なかなか社内だと本音を言える人がいなくて」

と、宇和島は本音を述べた。

立花のような、直接プロジェクトに関係ない人間であっても、社内の人間に対してすべてを打ち明けるのは躊躇《ちゅうちょ》する。

だが、鉄雄になら……。

キャリアセミナーの講師まで務めるくらいの経験を持っているのであれば、なおさらありがたい。

それなら場所を変えよう、と鉄雄が案内してくれたのは、鉄雄が勤める会社のインタビュースペースだった。ここなら、周りに話を聞かれることもない、という。

「じゃ、聞かせてくれないかな、さっきの続きを。ノボルは今後、どうしたいと思ってるんだ？」

そう聞かれて、宇和島は困惑した。

どうしたいのか？　決まってる。今の状況をなんとかしたい。

しかし、なんとかしたい、というのは具体的にどういうことなんだろうか……。

鉄雄は傾聴の姿勢を崩しておらず、雰囲気には安心感がある。いかにもプロらしい。

だが肝心の質問に、宇和島は答えることができなかった。

何か、目標とすべきことを捻り出すべきなのだろうか……。しかしここで恰好をつける必要があるのだろうか。

同僚や上司の前では、社内での「立ち位置」を気にせざるを得ないから、成長意欲や、将来へのビジョンがあるように見せたほうがいい。

でも、鉄雄にそんなことをして、どうなるというのだ。

すると鉄雄は、宇和島の心を見透かしたように言った。

「率直な質問には、率直に回答がある。具体的に聞くと、具体的に答えてもらえる。いい質問が、いい回答を引き出すんだ。飾る必要はないよ」

数秒の逡巡《しゅんじゅん》の後、宇和島は意を決して打ち明けた。

「恥ずかしい話なんだが……不満があるということだけ、わかってる。**オレには夢もないし、やりたいこともない。負けたくない、バカにされたくないという気持ちはあるが、かといって何かに打ち込めるほどのめり込んでいるわけじゃない。それが偽らざる本音だよ**」

宇和島は、鉄雄の反応が気になった。軽蔑の表情だろうか、それとも気の毒そうにしてくれるのだろうか。ところが鉄雄は驚くほど嬉しそうに言った。

「凄くいい意見だと思う」

宇和島には不可解だった。

鉄雄の様子に釈然としないものを感じていたが、さらに訳がわからない。

「別に凄いことは言ってないよ」

鉄雄は首を振った。

「そんなことはないよ、ノボル。だって、ノボルは就活のときに『テンプレどおりにやれ、それが社会人だ』って言ったんだよ。全くそのとおりだ。社会人はキャリアビジョンがあるように見せないといけない。面接で『五年後はどんなことをしていたいですか?』と聞かれたら、さも考えているように見せるんだよ、みんな。でも今のは、ホントの本音だろう？　それを人に言うのって、凄く勇気がいることだよ」

そして鉄雄は言った。

「率直に話してくれて、ありがとう」

宇和島は、鉄雄とつるんでいたときのことを思い出した。ああ、そういえば、素直でストレートなやつだったな。だからコイツは、就活で苦労したんだ。

アウトプットで人生は劇的に変わる

宇和島は鉄雄に尋ねた。

「でも『やりたいことがない』っていうやつには、何もアドバイスできないだろう？」

鉄雄はニコリと笑った。

「ほとんどの人は、やりたいことなんかないし、しかも実は、そういう人のほうが、いい結果に結びつくんだ」

「なぜ？」

「もちろん、変なこだわりがないからだよ」

宇和島はさらに尋ねた。

「どうしてこだわりがないほうがいいんだ？」

「簡単だよ。**将来の夢とか、ビジョンとかなんかよりはるかに大事なのは今、目の前の仕事で結果を出すこと。**五年後が大事ではない、とは言わないけど、半年後を大事にしなければ、五年後も不本意な結果しか残せないよ。だから、**転職は解決策にならない。結果を出せない人が転職しても、同じことを繰り返すだけ**だからね」

結果ね……。それが難しいから、苦労してんだよな。鉄雄が言うことは、冷泉から耳にタコができるほど聞かされてきた。結果を出せ、成果を追求しろ、と。

宇和島はうんざりして言った。

「何か急に仕事の結果が出る魔法でもあるのか？」

驚いたことに、鉄雄は真面目な顔で答えた。

「あるよ」

おいおい、鉄雄は怪しい自己啓発系のセミナー講師になっちまったのかよ……。

宇和島が黙っていると、見透かしたように鉄雄は言った。

「別に難しいことじゃないんだ。**とにかく『アウトプット』を中心にすれば、短期間で劇的に変わる**」

「アウトプット?」

「人が評価できる形にするってことだよ。**例えば本を読むのはインプット、文章を書くのはアウトプット。セミナーを聞くのはインプット、誰かに話すのはアウトプット**」

宇和島は本を買いに行こうとしていたことを思い出した。

「……そういえば、今上司から、プロジェクトの次の準備をしておけ、と言われて、本を買いに行くところだったんだけど……」

鉄雄は頷いた。

「うん、本を読むだけじゃなくて、**本を読んで『何をするか』まで考えないとダメってこと。もっと言えば、『評価』をもらって『改善』まで回して、初めてアウトプットしたことになる**」

わかるようなわからないような話だ。

「例えばどういうこと?」

「例えばさ、ノボルは会社で評価されたいわけだ。じゃ、その評価って、どうやって行われるか。それは超単純化して言えば、ノボルの『アウトプット』で決まる。インプットじゃない」

「成果物ってこと？　でもうちの会社は成果主義とはいえ、上司からの意見も大きいぜ」

「いや、**成果物はアウトプットの一部に過ぎないよ。**今ノボルが言ったように、上司の意見も評価を受けるためには重要なのは間違いない。だからここで言う『アウトプット』というのは、なにかモノに限ったことじゃない」

「じゃあ、アウトプットって何なのさ」

「**『他者の目に見える、ノボルのやったこと』が、アウトプットだよ。ポイントは『やったこと』じゃなくて、『目に見える』というところ。**ノボルの『能力』や『知識量』は、他の人の目には見えない。でも、ノボルが『やったこと』は見せることができる。確か、上司から『準備をしておけ』って言われたんだよね」

「ああ」

「ノボルは、『準備した』ということを、どうやって上司に見える形にするつもり？」

「……本を読んでおくだけだとダメか？」

「ダメでしょ。だって上司はノボルが本を読んでいるところを見てない。それだと評価を得たことにならない」

「えー……それなら、目の前で本を読むとか……?」

鉄雄はニヤリと笑った。

「極端な話、それでもいいんだよ。むしろ、読んでもない本をデスクに置いて、上司にアピールしてる人、たくさんいるでしょ」

宇和島はすぐに草壁の顔を思い浮かべた。

「そういえばいるよ、デスクに本を積み上げてるやつ。薦めてもらった本読みましたよ！って上司と話してたな。でも後から聞くと半分くらいは読んでませんて言ってた」

「そうそう。はっきり言うけど、**どうせ読むなら、『読んだ』ことをアピールしたほうが絶対に評価されるよ。『こっそり勉強』なんて、もったいなさすぎる。**アウトプットしか評価されないからね。まして能力が高いとか、頭がいいとか、積極性があるとか、そんなことはどうでもいい話なんだよ」

「なるほど……。ちょっとわかってきた。**評価されるのは、売れる、講師ができる、ビューが取れる、英語が話せる、文章や絵がかける、SNSでフォロワーを集められる、そう**

いった『他人から見える』ことだけ。それに注力しろってことね」

「さすがノボル、飲み込みが早いね、そういうこと。あと、**発言する、報告する、質問する、相談するなんかも、全部『見える』から、あらゆることがアウトプットになるんだよ。**

相談する人って、上司ウケいいでしょ」

「いや……でも上司ウケばかりを気にしてるのって、なんだか微妙じゃないか？」

「それが、そうでもないんだよ」

「どういうこと？」

「実績は最終的には大事だ。だけど、**実績と昇進はあまり関係がない。社会心理学者の研究でも、そうした結果が出ている。実績をあげれば上司のご機嫌取りは不要なんて会社はないよ**」

「……まあな」

認めたくはないが、鉄雄の言うことには覚えがある。前の会社は、まさに「上司のお気に入り」が出世する世界だった。それが嫌だったこともあってコンサルティング会社に転職したが、それも程度の問題でここでも「上司ウケ」が不要になるわけではない。

宇和島は聞いた。

「『あらゆること』というのは、文字どおりの意味で？」

「そう。人付き合いも、**仕事も趣味も、すべて『アウトプット』を中心にすることで、間違いなく劇的に、いい方向に変わる**」

「そっか、じゃ、すでに上から『**プロジェクトの準備をしろ**』**って言われてるけど、アウトプットを考えないといけない**んだな。マジかー、結構大変だな」

「出世できない人のほとんどは考え方を間違ってるだけ。アウトプットをすれば、そんなイメージは簡単に払拭できるよ」

「なるほど……」

「じゃ、すぐにやってみようか。アウトプットのコツは、鉄は熱いうちに打て、アイデアはすぐ実行に移せ、だよ」

「……とりあえずやってみるわ」

ぼんやりとだが、光明が見えた気がした。

……しかし、宇和島は、不思議だった。鉄雄のあまりの変貌ぶりが。

彼に一体何が起きたのだろう、と真剣に考え始めていた。

Chapter1のポイント

- ☑ ほとんどの人は「将来の夢」や「ビジョン」を持っていない。大事なのは、変なこだわりを持たずに、まずは目の前の仕事で結果を出せること。

- ☑ 結果を出せない人が転職をしても同じことを繰り返すだけで、解決策にはならない。

- ☑ 仕事も趣味もすべて「アウトプット」を中心にすることで、短期間で劇的にいい変化が起こる。

- ☑ インプットしたことで「何をするか」まで考えないと「アウトプット」とは呼べない。「アウトプット」に対して、評価をもらって改善までできれば理想的。

- ☑ 「アウトプット」のポイントは、「やったこと」ではなく「他者の目に見える」ということ。「こっそり勉強」に大した価値はない。

- ☑ 社会で評価されるのは「他者の目に見える」ことだけ。評価されたいなら、他者から見えるスキルを磨くことに注力すべきだ。

- ☑ 実績さえあげれば昇進できる会社は存在しない。出世したいなら、発言、報告、相談といった「アウトプット」で上司ウケを狙う。

Chapter

2

上司の信用、クライアントの信用

鉄雄のアドバイスを受けて、すべての行動を「アウトプット志向」に切り替えていく宇和島。クライアントからの信頼を取り戻すべく勉強会開催を提案するなど積極的に動き始めるが、冷泉からは「もっと先にやることがある」とNOを突きつけられる。状況は簡単には変わらない――落ち込む宇和島だったが、草壁から冷泉のNOの真意を知らされて……。

すべての行動をアウトプット中心にせよ

宇和島は通勤の途中、一昨日の鉄雄の話はとても有意義だったと感じていた。

無論、アウトプットが大事、という話は何度も聞いたことがあった。だが、それを理解はしていなかった。冷泉から「受け身だ」と評価されていたのもそのためだろう。

草壁のほうがはるかにそれをよく理解していた。上司へのアピール、書類作成、そしてブログ。鉄雄が言っていたように「アウトプット」は、他者の評価の対象となる。草壁は明らかにそれを意識した行動をとっていた。

では宇和島は、今後どうすべきか。

方針ははっきりしている。すべての行動を「アウトプット」中心に考えることだ。

そのためにはまず、シニア・マネジャーの冷泉に対して、何かしらのアウトプットを見せる必要がある。

草壁がプロジェクトを抜けてしまう影響は大きい。平静を装ってはいるが、冷泉も内心は穏やかではないだろう。

クライアントへは「実質的には私が見ます」と言っていたが、そんなことできるはずがない。彼が見なければならないプロジェクトは他にいくつもある。だからここで、宇和島がきっちりとプロジェクトを遂行できれば間違いなく評価はあがる。

だがリスクもある。

プロジェクトがうまくいかず、冷泉の信頼を損なうことだ。再びクライアントからクレームが出れば、躊躇なく宇和島を他と入れ替えるだろう。それだけは絶対に避けなければならない。

特にクライアント側のキーパーソンである牛丸は厄介だ。次は少しの落ち度でも宇和島を許さないだろう。

頭が痛い問題だ。

こんな面倒な問題を相談できる相手は、一人しかいない。

オフィスに到着した宇和島は、立花に連絡を取った。

「どうすればいいですか？」をやめる

「おーい、宇和島くん、こっちこっち」

立花が奥の会議室の前で手招きをしている。

一六時から時間が空いている、ということで、宇和島は立花に話を聞いてもらうことになった。

「すいません、立花さん、助かります」

「いいよー、別に。最近なんか大変そうだよね。草壁くん辞めるんだって？」

「そうなんです。そのせいで冷泉さんから超プレッシャーをかけられてまして」

「冷泉さん、怖いもんね」

「そういえば鉄雄……じゃなかった、石橋さんと会いました。立花さん、ありがとうございました」

「学生時代の友人なんだっけ？」

「そうです。昔は就職にすら苦労してたんですけど、今じゃキャリアコンサルタントやってるなんて、変な感じです」

「そういう人のほうが、苦労してる人の気持ちがわかるから、向いてるのかもね」

宇和島は頷いた。

「それで、石橋さんとの話について、立花さんに相談したいって思ったんですよ」

「どんな話だったの？」


宇和島は鉄雄とのやり取りを、立花に話した。

立花は楽しそうに聞いていたが、口を開いた。

「確かに、セミナーでもアウトプットの話はしてたな。いわゆる『できる人』はみんなやってると私も思うよ。改めて言語化されると、そっかーって感じだけど」

「アウトプットですか？」

「そうそう。私も結構意識してやってる部分あるな」

「立花さんも？」

「うん。私がやってるのはとても単純なことだけどね。例えば、新人の頃は特に意識して**会議室を率先して手配したり、備品が足りなくなったときに手配したりとかね。雑用やりたがらない人多いからね。そういうことをきちんとやると、周りの人に信用してもらえて、いい仕事振ってもらえるんだな、**これが」

「マネジャーになってもですか？」

「もちろんだよ、むしろ立場があがってからのほうが、そういうことを『**部下に見せる**』**のも重要**だと思うな」

やはり立花も同じ行動様式を持っていた。

「立花さん、これから私はどうしたらいいのでしょうか……」

するとと立花はクスッと笑った。

「それそれ」

「え？」

「あのね、宇和島くん。多分それ、宇和島くんのクセなんだと思うけど、アウトプットっていう意味では、『どうしたらいいでしょうか』って聞くの、あんまりよくないかもよ」

「あ……そうですね」

宇和島は初めて気がついた。

何気なく使っていた、

「どうしましょうか」

「何をしたらいいでしょうか」

「どうしたらいいですか」

といった言葉は、確かに「受け身」の言葉だ。

「積極的に宇和島くんが案を出さなきゃ。とは言っても、もちろん最初からみんなできるわけじゃないから、焦らなくてもいいと思うけど。でも、宇和島くんは今、プロジェクトを成功させたいんでしょ？」

「もちろん、成功させたいです」

「じゃあ、成功させるために、何をしなければならないか、わかってるの？」

「えー……」

宇和島はとっさに何かを言おうとしたが、何も出てこない。なんとなくの「イメージ」を持つことと、アウトプットとして「言語化」することは全く違うということに、宇和島は愕然《がくぜん》とした。

すると、立花は立ち上がり、部屋の奥にあるホワイトボードをガラガラと引いてきた。

「宇和島くん、**考えるときはね、書き出してみるのがいいよ。**これもアウトプット。そうしたら議論できるでしょ。はい、ペン」

「あ、ありがとうございます」

宇和島は立花の勧めに従い、まずは相談したいことを書き出した。

・プロジェクトを成功させたい
・冷泉に認められたい

「ふふ、二番目のはいいね。私も認めてもらいたいよー」

立花が可笑《おか》しそうに言う。

「からかわないでくださいよ、こっちは大真面目なんです」

「ごめんね、でもいいと思うよ。正直だし。それじゃさ、これを実現するために宇和島くんがやらないといけないことは何かな」

宇和島はしばし沈思黙考した。

もちろん、成功の前提となる知識は必要だ。それはわかっている。ただ、どうやってそれを入手すればいいのか、宇和島には今のところよくわからなかった。

あとは当然、クライアントとの間に信頼を築くことだ。特に牛丸。嫌われてはいるが、彼はキーパーソンだ。仮にプロジェクトが滞りなく進めば、冷泉は宇和島を認めるだろうか。今の時点では、これも宇和島に判断はつかなかった。マネジャーへの昇進の条件は細かく定義されているが、それを満たせているかどうかの決定権は結局、冷泉にある。

宇和島はホワイトボードに書き出した。

・必要な知識を備える
・クライアントの信用を得る

立花はそれをじっと見て、口を開いた。

「そうそう。**『やらなきゃならないこと』**をリストにして書き出すだけで、**随分頭の中がスッキリする**でしょ。ひとまずこれを念頭に置いて行動したらどうかな」

宇和島は「具体的には……」と口を開きかけて、思いとどまった。

そうだ、これは立花に答えを出してもらう話ではなく、自分が決めなければならない。

ともあれ、考え方はわかった。具体案についてはこれから検討すればいいだけの話だ。

宇和島は立花に深く礼を述べた。

「いいよいいよ、また相談あったら呼んでねー」

そう言って、立花は席に戻っていった。


一人残った宇和島は「やらなければならないこと」について、さらに深掘りすることにした。

必要な知識を得るためには、本を読むだけではなく、経験者に教えを請うことが絶対に必要だ。あるいは社外のセミナーに参加したり、社内のデータベースを漁って、過去に同様のプロジェクトが行われていたかどうかも調べなければならない。

しかし、宇和島にはピンとこなかった。

これらのアクションは「知識をインプット」することにはなるが、「知識をアウトプット」したことにはならないからだ。

今までの自分であればここで止まっていたが、「アウトプットを中心に」と誓った以上、それでは足りない。

ではどうすべきか。

宇和島はふと草壁のブログを思い出した。冷泉やスタートアップの経営者も読んでいた、あのブログだ。彼はなぜ一目置かれていたのか。

もちろんそれは、**草壁が自分の知識を整理し、体系化して発信していた**からだ。

つまり**インプットした知識は、自分なりに体系化して発信できる形に整えて初めて、アウトプットとなる。**

つまり――。

宇和島の心にある考えが浮かんだ。これは冷泉に相談せねば。

上司のシビアな反応

「冷泉さん、ちょっとお時間をいただいてもよろしいでしょうか？」

デスクに戻った宇和島は、すぐに冷泉に声をかけた。

鉄は熱いうちに打て、アイデアはすぐ実行に移せ。それが鉄雄の言っていた「アウトプット」のコツだ。

「もうそろそろ出るところだが、五分程度なら問題ない。何だ？」

「冷泉さん、先日『ｗｅｂメディアのノウハウを学んでほしい』と仰っていましたよね」

「ああ」

「クライアント向けに、ｗｅｂメディアに関する勉強会を開催したいと考えているのですが、いかがでしょうか」

宇和島はこの提案に自信があった。

自分は知識のアウトプットができるし、勉強会を主催すれば、クライアントの信用も得られやすくなるだろう。

だが冷泉は返事をしない。そしてじっと宇和島を見つめ、口を開いた。

「結論から言うと、ダメだ」

宇和島の胸のうちに、じわりと冷たいものが広がるような気がした。

「……ダメですか」

「気持ちはわかるが、ダメだ」

「なぜですか？」

冷泉はチラと時計を見た。時間を気にしている。この場から離れたがっているようだ。

「すまんが、今は時間がない。それについては明日話そう」

宇和島の明らかな失望感が冷泉に伝わったのだろう。冷泉は宇和島に、

「もっと先にやることがある。何が求められているかを考えろ」

と告げて、オフィスを出ていった。

宇和島は席に戻った。

先程、ホワイトボードに書いたもののメモが机の上に置かれている。

「……なんだよ。結局『やるな』か」

宇和島は急にバカバカしくなってきた。自分は鉄雄の言葉にあてられて、立花に褒められて、少し舞い上がっていただけだった。結局状況は何も変わっていない。

冷泉から現実を突きつけられ、宇和島は肩を落としてオフィスを出た。


定時を過ぎてしまっているので、エレベーターホールにはもうほとんど人はいない。最近はどの会社も残業を禁止しているので、この時間まで残っているのは宇和島の会社くらいのものだ。

ウチにしたって、昔のように残業がすぐに認められるわけではない。

宇和島は地下鉄銀座線の虎ノ門駅まで歩き始めた。桜田通り沿いにはオフィスが多いが、ちらほら私服を着ている人もいる。最近ではスーツ不要の会社も多いとどこかで読んだが、今の宇和島には許されない贅沢だ。


地下鉄の入り口に到着すると、スマートフォンに着信があった。取り出して見ると、草壁からLINEだ。

〝今空いてますか？　飲みませんか？　新橋にいます。〟

宇和島は「行くよ。どこに行けばいい？」と打って、虎ノ門駅を通り過ぎ、新橋まで歩くことにした。

オレは「ダメ」であいつは「OK」な理由

サラリーマンの聖地、新橋のSL広場は混んでいた。
待ち合わせをしているサラリーマン、アンケート用紙を抱えたアルバイト、競輪・オートレースの場外車券売り場から出てきた年配者、スーツ姿のカップルなど、ここには本当に多種多様な人々がいる。

宇和島が待ち合わせ場所を探してウロウロしていると、私服姿の草壁が汐留方面のＪＲ新橋駅ガード下から現れた。

「お疲れっすー。わざわざ来ていただいてすいません」

「暇だったんで、ちょうどよかったよ。あれ、今日私服？」

「本当は有休なんですけど、今日は次の会社のミーティングで汐留に来てました。そこは私服ＯＫなんです。いかにも技術者風の人がたくさんいますよ。ま、でもスーツって何着ようか考えなくていいんで、実は楽っすよね」

宇和島は聞いた。

「どこにする？」

「この辺だと、焼き鳥、寿司、焼き肉、ビアホール、変わったとこだと蕎麦とかどうですかね」

と草壁が言う。

「焼き鳥がいいかな」

「オッケーっす、なんかこだわりとかあります？」

「いや、特にないかな」

「じゃ、私の知ってるとこでいいですか？」

宇和島が頷くと、草壁は烏森《からすもり》神社の裏手に向かった。街灯も少なく、曲がりくねった暗い道を迷いなく抜けていく。両脇には雰囲気のある小料理屋が並ぶ。

草壁は前からとても気の利くやつだった。幹事肌、というか飲みに行くときは結局、草壁の提案のとおりになることが多かった。

「この辺、よく知ってるのか？」宇和島は聞いた。

「いえ、別にそういうわけじゃないっすけど、**だいたいこういう場合って、誰かが案を出さないと、なかなか決まらないじゃないですか。時間無駄にしたくないので調べとくのが癖になってる**んすよ。まあ、好きってのもありますけど」

なるほど……。

宇和島は妙に腹落ちした。今まで、草壁は「年下だから」皆に気を遣って調べ物をしていたのだと思っていた。

だが、今ようやく気づいた。彼はこんなところですら「アウトプット志向」なのだ。

逆に宇和島は、立花から「どうしたらいいですか、と言うな」と少し前に言われたばかりなのに、「どこにする？」と草壁に尋ねてしまった。想像以上に、自分の意識には受け身が染み付いているようだ。

「あ、ここですね」

路地に面した入り口には、暖簾《のれん》がかかっている。暖簾をかき分け、横引きのガラス戸を開けると、中は満員だった。

「二人なんですけど、空いてます？」

草壁が店員に尋ねる。

「店長！　二名様入れますか！」と店員が大声で確認すると、奥から「一〇分後！」と返答があった。

「すんません、一〇分ほどお待ちいただければ入れますが、お待ちになりますか？」

二人が頷くと、店員が椅子を持ってきてくれた。

「ではこちらで。申し訳ないです」

二人で店の外に並び腰掛ける。

「あのー、先に言わせてください」草壁が口を開いた。

「何？」

「すんません、プロジェクト途中で抜けちゃうことになりまして、だいぶご迷惑をかけるんじゃないかと。てっきりあのままプロジェクトは中止になると思ってしまいまして……。今日は一言、そのお詫びがしたくて」

特に迷惑をかけられた印象はなかったのだが、改めて考えてみると、プロジェクトの途中で抜けるのだから宇和島が怒っていると考えても不思議ではない。

「いやいやいや、ホントに気にしてないから。新しい会社で頑張ってほしい。スゲー羨ましいよ」

「……そう言ってもらえて安心しました」

こういうときは、なかなか自分から謝るのは難しいものだが、草壁のように**「不満を指摘される前に自分から動く」ことで、トラブルの芽を摘んでおくのは正しい行動**なのだな、と宇和島は感じた。

「あ、代わりと言っちゃなんだけど……一つ相談にのってほしい。構わないかな」

「もちろんです。でも宇和島さんが私に相談なんて、珍しいっすね」

「お待ちの二名様！　カウンターの奥へどうぞ！」

店員から声がかかる。宇和島は、カウンターに並んだ客の後ろを抜け、一番奥の席についた。焼き場からはもうもうと煙が上がっているが、客席の換気はしっかりしている。

二人はビールを頼むと、お通しの枝豆と鶏皮の和え物をつまんだ。

「で、相談ってなんすか？」

宇和島は先ほどの冷泉とのやり取りを話した。

「勉強会の提案をしてみたら、冷泉さんにバッサリやられた。状況から見て、やるべきだと思ったんだけど。なんで冷泉さんは反対したのか、よくわからなくて。どう思うか聞かせてほしい」

草壁は即答した。

「ああ、宇和島さん、そのことなんですけど。実は勉強会、私もやるつもりだったんですよね。まだクライアントには提案してなかったですけど、冷泉さんからは条件付きで許可もらってました」

宇和島はそれを聞いてひどく動揺した。なぜか草壁はよくて自分はダメ。一体何が違うのか。

知識量が違うのはわかるが、「受け身ではダメ」と言ったのは冷泉のはず……。

しかし、草壁はこともなげに言った。

「まあ、でも冷泉さんなら、そう言いそうですよね」

宇和島は草壁の言葉に努めて平静を装った。

「なぜ？」

「だって冷泉さん、『**人から教えてもらったことは、たいして身につかない。やったことだけ身につく**』っていう考え方ですからね。私が勉強会をやるのも反対されたんですよ、あまり意味がないと。やるならクライアントを巻き込んで、彼らが自発的にやるように仕向けろ、それなら実効性があるのでいい、と。でもそれって、結構な関係性ができてないと厳しいじゃないですか。なんで、今回の件で止まっちゃってたんですよね」

冷泉の「ダメだ」の背景を宇和島はようやく理解した。

冷泉の言うことは確かに本質を突いていた。

「勉強」はあくまでもインプットに過ぎない。だが実務に使うのであれば、本質的には「アウトプット志向」でなくてはならない。クライアントにもアウトプット志向であることを当然、求めるべきなのだ。そのためには「コンサルタントが主催の勉強会」ではダメだ。

本来、勉強会の主催者であるべきは、クライアントなのだ。今更ながらではあるが、宇和島は冷泉に畏怖の念を抱いた。

「草壁、今日はありがとう。本当に助かったよ」

「いや、何も言ってないですよ」

「草壁が色々と先回りしてくれたおかげで見えるものがあった。本当に感謝してるよ」

「そっすか、それならよかったです。ま、飲みましょう」

何が信用をつくるのか？

「冷泉さん、『クライアント主催の勉強会』ではどうでしょう」

翌朝、宇和島は冷泉のデスクで掛け合った。

「草壁から聞いたのか」

「そうです。確かに冷泉さんの仰るとおり、私が主催する勉強会では不十分な結果しか残せないと思います」

冷泉は宇和島の目を見た。

「主役は彼らでなくてはならない」

「はい」

「しかも今は時期が悪い。簡単ではないと思うぞ」

特に宇和島はクライアントへの作業依頼が原因で、クレームをもらったのだ。

冷静に考えれば、クライアント主催の勉強会なんていう提案を受け入れてもらえるとはとても思えない。

宇和島は、どうすれば……と言いかけて、口をつぐんだ。

今求められているのは「案」だ。

自分から冷泉にアウトプットを示さねばならない。

今すべきことは何か。信用を取り戻すために、やるべきことは何か。

まずはクライアントにきちんと説明すべきでは、と宇和島は考えた。

「まずやるべきことは、牛丸さんの信用を回復することだと考えています。今のままでは提案どころかまた揉めてしまいます」

「牛丸さんの信用をどう得るつもりだ？」

「できれば、個別に膝を突き合わせてきちんと話ができる場をつくりたいです。これまでは冷泉さん主導でしたので」

しかし、冷泉は渋い顔をした。

「それは難しいな。牛丸さんがウチに時間を割《さ》くメリットがないし、こちらの都合を押し付けるわけにもいかない」

言われてみれば、確かにそのとおりだ。宇和島は一度失った信用を取り戻すことの難しさを痛感した。

「申し訳ありません、独りよがりでした」

「しかし」

冷泉はこちらに向き直った。

「本気であることはよくわかった。**先方の信用を取り戻すには、非常に時間がかかる。まずは焦らないことだ。**手っ取り早く信用を得る方法などない」

「では……」

「**謝罪に大した意味はないし、謝罪で信用を得られるわけではない。信用をつくるのは言葉ではなく、行動と成果だ。**今はもっと基本的なプロジェクトの推進だけ考えていればいい。会議をスムーズに行い、議事を記録して共有し、宿題事項を確実に遂行する。そうすれば徐々に信用を取り戻せる」

「わかりました。ありがとうございます」

宇和島が席に戻ろうとすると、冷泉が呼び止めた。

「専門知識にこだわるな。それは他の人間の役割だ。私が期待していることではない」

「では、何を期待していらっしゃるのですか」

「プロジェクトを推進するリーダーシップだ」

具体的には……と聞きかけて、宇和島は言葉を飲み込んだ。

アウトプットしなければ。

「冷泉さん、ちょっとご相談なのですが、お時間よろしいでしょうか」

「大丈夫だ」

宇和島はメモ用紙を手にとり黒いペンで書き出した。

> プロジェクト推進上の課題と認識している事項
> ・クライアントの要望を傾聴できていなかった
> ・クライアントとの適切な情報共有ができていなかった
> ・クライアントとのコミュニケーショントラブルを解決できていなかった
> ・クライアントに作業推進の意欲を持たせることができなかった
> ・結果として、クライアントの信用を失った

「今、以上の課題意識を持っています」

宇和島は思い切って、思いついたことを片っ端から書き出した。冷泉に突っ込ませるのだ。

冷泉は珍しく、笑みを浮かべた。

「認識としては間違っていないが、粗いな」

「どこが粗いでしょうか?」

「すまん、粗いというより、表面的だな。いま宇和島が認識しているのは課題の表層だ」

「――と言いますと……?」

「宇和島がクライアントとの間で多くのトラブルを抱えた理由はもっとシンプルだ」

冷泉は宇和島を見据えた。冷泉に詰められているにもかかわらず、宇和島はディスカッションに手応えを感じていた。仕事とは本来、こういうものなのかもしれない。


なぜ自分はクライアントに疎まれたのか……。

相手の立場に立って考えてみよう。


作業のやり方がよくわからないのに、宿題を押し付けてくるコンサルタント。

どちらがよいか判断がつかないのに、「決めろ」と言ってくるコンサルタント。

作業を下の人間にやらせたいが、どうやらせてよいかわからない。作業マニュアルがほしいと言っても「分担ではない」と断られる。

「無茶振り、丸投げですね」

宇和島は気がついた。相手の立場に立ってみれば、話は単純だった。冷泉は軽く頷いてみせた。

「単純に言えばそのとおりだ。宇和島にはリーダーシップで最も重要な『やってみせて』が抜け落ちている。※山本五十六《やまもといそろく》の話を知っているか」

「申し訳ございません」

「『やってみせ、言って聞かせて、させてみせ、ほめてやらねば、人は動かじ』だ。コンサルがクライアントに接する態度も、全く同じだ」

〝やってみせ〟も〝ほめて〟も抜けている。

いや、〝言って聞かせて〟も、単に〝言って〟いるだけだった。宇和島は深く反省した。

やってみせ、言って聞かせて、そしてほめて――**つまりリーダーからの「アウトプット」がなければ、人に何かを「させる」ことはできない。**

冷泉は「信用をつくれるのは、自分が模範となったときだけだ。リーダーシップとは、そういうものだろう」と言った。

困難な会議を自力で乗り越えるアウトプット

それから一週間後。午前一〇時から約二時間ほど続いた、クライアント先でのキックオフミーティングが終了した。プロジェクトはこれでようやく再開した形となる。宇和島は今日、冷泉から司会進行を任されていたので、ミーティングが終わったことに大きく安堵していた。

同行していた冷泉はいつもと変わらず無表情だったが、今日はミーティングの終了とともに心なしか表情が緩んだように感じられたのは、気のせいではないだろう。

帰りがけに「よくやった」と冷泉から声をかけてもらえたことは、宇和島にとって今日一番の収穫だった。

※山本五十六…大日本帝国海軍元帥。太平洋戦争に反対しながらも指揮主導を命じられた悲劇の指揮官として知られる。教育やリーダーシップに関わる名言・格言を多く残した。

だが、ミーティングを思い起こすと、ヒヤリとしたシーンがないわけではなかった。

今回のプロジェクトはクライアント自身の手によるｗｅｂメディアの立ち上げだ。インターネット上に、記事や動画などのコンテンツを展開し、最終的には、自社のブランディングや集客につなげていく。

ｗｅｂメディアでは立ち上げの際、通常はコンテンツを作成するガイドラインとして「レギュレーション」というものを作成する。

レギュレーションは、メディアの意義、想定読者・視聴者層やコンテンツのトーン、そして禁止事項などを明文化した、いわばメディアの「憲法」に近いドキュメントだ。そのレギュレーションを作成するにあたり、宇和島は一つ、クライアントに宿題を課した。

それは「メディアの意義」についてだ。

もちろんメディアの最終的な目的は、ブランディングや集客なのだが、それはあくまでも、運営側の都合による目的だ。特に今回はＳＮＳ上での拡散も狙うコンテンツを作成するため、メディアを大きくするには、読者や視聴者にとって有益な「意義」が設定される必要がある。そういった説明を事例を挙げて行い、宇和島はクライアントに「意義」の決定を依頼した。

ところが常務取締役の牛丸から、突っ込みが入った。

「意義を考えろって言うけどね、それが一番難しいんだよなあ。きみたちがやるんだぞ、本当にできるのか」

牛丸は部下のメンバーたちに、「どうなっても知らないぞ」と言わんばかりのあからさまな念押しをした。

すると、牛丸に言われて自信を無くしたのか、メンバーの一人が宇和島に質問した。

「あの……意義と言われましても、どのようにつくればいいのでしょう」

「先ほどご説明したとおり、このメディアにアクセスすることで読者が何を得るのか、あるいは皆様が持つどのような知見を発信したいのかをまとめていただくだけなのですが」

丁寧に説明しているのだが、どうもクライアントからの反応が悪い。イメージが湧かないというが、先ほどからいくつかの事例も見せており、どんなものをつくればよいか「イメージが湧かない」ということにはならないはずだ。

するとと牛丸が言った。

「なあ、宇和島さんよ。あんただったら、どういう意義をつくるんだ？　アクセスが伸びるような、意義ってやつを」

宇和島は嫌な質問だ、と思った。

そういえば、前にもこのようなことがあった。そのときは「皆様が考えることが重要なのです」と答えた。それはそれで正論だ。意義を考えるのはメディアの運営者であって、コンサルではない。


だが……今までと一緒ではいけない、と宇和島はあがいた。

アウトプット、アウトプットだ。

これまでの自分とは決別せねばならない。何か案を出せ……！


そのとき、何かに打たれたようにひらめきが訪れた。

宇和島は意を決して言った。

「牛丸さん、ちょっとお聞きしてよろしいでしょうか？　皆様の経営理念は、『快適で豊かな暮らしをサポートする、身近なライフプランニングパートナー』でしたよね」

「そうだ」

「今回立ち上げるメディアも、それと全く関係のないテーマに設定されることはないと思っていますが、どうでしょう？」

「それはない。むしろそれを強化したい」

「でしたら、現在の経営理念や方針を、メディア流に修正していく、という形はどうでしょうか」

宇和島は、牛丸の表情が緩んだのを見逃さなかった。

「おそらく、方向性はあっていると思います。そこでご提案なのですが、**一旦、私が御社の経営理念や方針を見て、簡単ではありますが、そこからメディア流の意義に修正したものをおつくりいたします。それをご覧いただいて、皆様の議論のたたき台とする、という形ではいかがでしょうか**」

冷泉を見ると、ちらと宇和島を見て、軽く頷いた。牛丸はニヤリと笑った。

「宇和島さんが、たたき台をつくってくれる。あとはきみたちでやれるな」

メンバーたちの顔が明るくなる。

「大丈夫です」

「わかりました」

「宇和島さん、助かります」

こうして会議は滞りなく終了し、宇和島とクライアントの双方で宿題を分担することになった。

行動変容と態度変容

宇和島は、キックオフのときの約束を即座に実行した。

冷泉の力を借りて、社内の「メディアに詳しいコンサルタント」から話を聞き、二日後にはクライアントにたたき台を提供した。クライアントの反応はおおむね良好だった。

一週間後には宇和島が出したたたき台から大幅に改善された……というより、宇和島の書いた文言は跡形もなくなった、素晴らしい出来の「意義」がクライアントから返ってきた。牛丸が「経営理念に関わる話ならば」ということで、上位の役員も巻き込んで力を入れてつくったらしい。宇和島にとっては嫌な奴だが、さすが常務まで上り詰めただけのことはあり、仕事はできるようだ。

ともあれ、宇和島が得たものは非常に大きかった。クライアントのメンバーからの感謝だけではなく、宇和島はクライアントとの関係性改善の本質に腹落ちしたのだ。
それ以後、宇和島はとにかく「先にアウトプットする」「率先する」ことを行動の指針にし、極めて注意深く行動するようになった。

クライアントに何か依頼をする際には、キックオフのときのように、成果物のイメージを率先して示した。「戸惑っているクライアントがいればヒアリングを行い、宙に浮いた雑用を、立花の助言どおり、進んで引き受けることもあった。

記事の管理表のフォーマットをつくり、ライターの発掘を手伝い、記事の量産のためのテンプレートを示した。それらはみな、クライアントにありがたがられた。

また、他部署への説明を必要とする際、依頼の方法がわからず止まってしまうクライアントがいた。そんなときは、**宇和島が率先して依頼文のサンプル、もしくは案を示した。**
「ひとまず私のほうでそういった依頼文のサンプルを探して、お送りしますよ」と言うと、大抵の人は喜んで宇和島の案を使った。

クライアントが宿題をやってこないときには、宇和島は個別にその理由を聞き、相談に乗った。やり方がわからないという人には、別途時間をとって手取り足取りレクチャーを行い、時間がないという人や、腰が重い人は、リマインドを辛抱強く送った。

クライアントのすべてがそうした宇和島の変化に気づいたかどうかは、わからなかったが、少なくとも進め方について牛丸からケチがつくことはなくなった。

それは宇和島にとって、大収穫だった。

なぜなら、アウトプットする手間よりも、クライアントのクレームに対処する手間のほうがはるかに大きいことがわかったからだ。

冷泉は今では現場をほぼ、宇和島に任せており、冷泉が出ていなくとも会議の進行に支障はなかった。

*

そして、朝夕の気温が一〇度を下回る日が出てくるようになった、晩秋のある朝。

宇和島が通勤の途上でニュースアプリを開くと、見覚えのある人物の写真がそこにあった。記事には、あるスタートアップ企業のＳＮＳを用いたｗｅｂマーケティングが成功事例として取り上げられている。

企業がSNSの活用により売り上げを大きく伸ばしたケースはこれまでにもあったが、金融業界では初の事例とのことだった。

気づくと宇和島は草壁の活躍を素直に喜べるようになっていた。

マーケティングの手法は、草壁のブログですでに読んだものも多かったので、**草壁の記事を手早く要約し、コメントをつけてプロジェクトメンバーのメーリングリストで共有した。**手間のかからない、ちょっとした情報提供だ。

宇和島はミーティングでも少しその話題に触れて、クライアントへSNSの活用を促すつもりだった。

ところが、その日一三時からの定例ミーティングは紛糾した。

ある程度予想していたものの、自社メディアへのアクセスの伸びがそれほど大きくなかったというのが原因だ。クライアントの経営陣の何名かからは現在の施策についての疑問が投げかけられている。

宇和島は冷泉から「開始から半年はおそらく大きな結果は出ない。その間、クライアントを説得してやり続けられるかどうかが勝負」と聞いていた。当然、冷泉自身も「成果を出すには時間が必要だ」とクライアントに説明している。

だが、努力すれば努力しただけ報われる時代に働き盛りであった世代の人々は、「努力」に対して、わかりやすい「成果」がないと不安に陥ってしまう。

もちろん宇和島は彼らの言い分に耳を傾け、丁寧に説明を行った。

少しずつではあるが、数値は改善し続けていること。

webメディアの成長はある一点を過ぎると、急激に起きること。

webメディアの開始前に、最初の目標がかなり楽観的な予測であることを確認したこと。

施策の有効性については、過去の実績により妥当性がある程度担保されていること。

しかし、リスク回避志向の強い役員の一部は、「成果はいつ頃見込めるのか」という、非常に答えにくい質問に固執している。

この状況を収拾することを断念した宇和島は、冷泉に相談するため「では、弊社の宿題事項とさせてください」と、一旦それを持ち帰ろうとした。

そのとき、クライアントのメンバーの一人が発言した。

「結果がなかなか出ないことはよくあることだと思います。初めてのことが最初からうまくいくわけがない。しかし、遅かれ早かれ我々は、webに対応していかねばなりません。今、腰を据えてやるしかないのではないでしょうか」

そして、牛丸に向かって彼は言った。

「もう少し時間をください」

牛丸は眉を少し上げ、無言で頷いた。


きつい定例だった。

だが今までは、何かあるとこちらが悪者にされていた。

だから今日、クライアント側のメンバーからあのような意見が出たことに、宇和島は驚いていた。少しずつ彼らも変わってきているのかもしれない。


その定例ミーティングの終了直後、宇和島に話しかけてきた人物がいた。

課長の橋爪《はしづめ》。先ほど発言した人物だ。橋爪は質問がある、という。

宇和島が快く応じると、彼は言った。

「今朝宇和島さんに共有していただいた記事、よかったです。うちもSNSに早く本腰を入れて取り組まなくてはダメですね」

宇和島はプロジェクトに関してではなく、自分が共有した記事についての質問だったことに拍子抜けしたが、率直に意見を述べた。

「皆さんのｗｅｂメディアの記事はＳＮＳとかなり相性がいい。うまくやれば、大きく拡散させることも十分可能だと思っています」

「そうですか。私ももう少しＳＮＳについて詳しく知りたいのですが……」

「であれば、私が今までストックしていたＳＮＳに関する優良記事のリンクをまとめてお送りしますよ」

「それは助かります。よろしくお願いいたします」


さらに成果を上げるために、どのようなアウトプットを心がけるべきか……。

期待されることのプレッシャーに負けている場合ではない。

宇和島は、プロジェクトが新しい局面に入ったことを強く感じた。

Chapter2のポイント

- ちょっとした雑用を積極的に買って出ることも「アウトプット」。周囲からの信用がいい仕事につながっていく。後輩や部下にその姿勢を見せることも重要だ。

- 何をすればいいかわからないときは、思考やイメージをアウトプットとして言語化する。頭の整理ができるし、そこから議論を始められる。

- インプットした知識は、体系化して発信できる形に整えて初めて「アウトプット」と呼べるものになり、評価の対象となる。

- 人から教えてもらったことは、大して身につかない。自発的に学んだことだけが身につく。

- 信用を取り戻すための謝罪に大した意味はない。行動と成果で示す以外に信用を得る方法はない。そして、その行動は独りよがりなものであってはいけない。

- 「やり方を示す」「説明をする」「褒める」といったリーダーからの「アウトプット」なしに、メンバーに何かを「させる」ことはできない。

Column

えっこれも
“アウトプット”
なんですか!?

アウトプット道 虎の巻外伝 1

書類を作ったり、企画を提案したりするのだけが
“アウトプット”ではありません。
意外だけど効果的な“アウトプットのTips”を紹介します。

上司から教わったことの「メモ書き」もアウトプット

上司や先輩から何かを教わったらメモを取って、何度も同じことを言わせないようにするべきだ。また、そのメモをブラッシュアップすれば「マニュアル」という立派なアウトプットになるだろう。

冷泉

移動中や休憩中の雑談もアウトプットのチャンス

仕事中、上司や同僚とちょっとした雑談をするときには、最近勉強していることや耳寄りなニュースについて話してみよう。「よく勉強してるな」「情報通なんだな」と思われて、評価アップにつながるはず。

鉄雄

本は読むだけじゃなくて“レコメンド”してアウトプット

仕事に関する本を読んだら、「どんな学びを得られたか」などを簡単にまとめて、レコメンドしてるの。得た知識の体系化ができるし、プロジェクトチーム内で共有すると重宝がられるからお勧めだよ。

立花

Chapter

3

早く
成果を出せ

webメディア立ち上げのプロジェクトは再開したものの、クライアントから「早くアクセスを増やせ」と成果を求められ、宇和島は途方に暮れていた。クライアントが求める成果を出して、プロジェクトを続行させるにはどうすればいいのか——鉄雄に相談してみると、彼はなんと「早く失敗しろ」と宇和島に告げたのだった。

キャリア形成に必要な考え方

年が明け、また仕事が始まった。

宇和島たちは、これまで四カ月ほどwebメディアを成長させるためのプロジェクトを進めてきた。

プロジェクトに関わるすべての人の努力の甲斐もあり、メディアへのアクセス数は少しずつ増えてはいた。

だが、いまだ爆発的なアクセスには至らず、プロジェクトは不穏であった。

メディアをよく理解していないクライアントの上層部の一部は「努力をすればアクセス数は増やせる」と信じているようだし、例年、年末年始にかけてメディアへのアクセスは減るものだ。家でのんびりしているときには、スマートフォンをわざわざ開いて真面目な記事を読み漁る人は減るのだろう。YouTubeなら見るのだろうが、と宇和島は思った。

冷泉は「時間を稼げ。クライアントを説得しろ」と言っているが、宇和島はその方法がわからなかった。成果が出せなければ、プロジェクトはまた中止に追い込まれかねない。

そしてもう一つ、不安の種になっているのが、SNSを使った拡散の方法だ。

クライアントには「使える」と自信ありげに言ったが、それは草壁の受け売りであって、SNSについての知見は、宇和島には少ない。

紛糾した前回の定例のあと、宇和島は冷泉に「早急にアクセス数を伸ばすために、SNS対策のテコ入れが必要」とヘルプを要請したが、冷泉からは「年明けに専門家をアサインする予定だから少し待て」という返答しか得られなかった。草壁の代わりになるような人物は、やはりそうそういるものではないのだろう。宇和島が悪い想像を膨らませてオフィスで悶々としていると、携帯にメッセージが入った。

鉄雄だ。

〝今日は仕事で近くに行くので昼でもどう?〟

鉄雄とは昨年の夏以来会っていなかったが、アドバイスをもらってから状況は大きく変わった。鉄雄の「アウトプットせよ」というアドバイスは、社会人になってからもらった、どんなアドバイスよりも有効だった。

もしかしたら糸口が見つかるかもしれない。


〝OK、じゃこの寿司屋で。〟

近くにある老舗の寿司屋の住所を指定し、鉄雄にリンクを返信すると、鉄雄から「了解」とすぐに返信があった。

＊

虎ノ門にもスターバックスがある。

その店が入ったビルの角を曲がった並びにある、雑居ビルの地下。

量が多くてそこそこ味がいいので、いつも会社員で混み合っているが、今日は少し遅めの時間帯なので人が少ない。少し早くついたので着席して周りを眺める。

そういえば、入社して初めて連れてきてもらったランチはこの寿司屋だった。当時の部門長は少し変わった人物で、大量の寿司を勝手に注文し「さあ、若いんだから食べてくれ」と言ったのだった。

部門長から食べろ、と言われては残せない。昼から食べすぎて、その後は全く仕事にならなかったが、後で「いつものことだよ。まさか全部自分で食べたの？」と同僚たちに言われ、クソ真面目に全部食べたことを後悔したのだった。

そんなことを思い出しながら、地方の土産ものらしきオブジェを眺めていると、鉄雄が店に入ってきた。

「ご無沙汰」

「お疲れ」

軽く挨拶をして鉄雄を見ると、仕立てのよさそうなスーツを着ていた。折り目が刃物のように立っており、生地のよさを強調している。

「いいスーツだな」

「今日は夕方からセミナー講師だからね」

赤に銀色の刺繡が入ったネクタイは、人の目を引く派手さがある。

「そういう趣味だったっけ?」

「何の話?」

「いやごめん、派手なネクタイだなと思って」

「あーこれね。いや、**全く自分の趣味じゃないよ。ただ、今日はセミナーだから、遠くから見えるようにね**」

宇和島は納得した。かつて自分も、服装についてはうるさく言われたことがある。**「若いコンサルタントは、いいスーツを着たほうがいいが、細身ではなく年をとって見える恰好をせよ」とか「客先では決して上着を脱ぐな」とか。**

自由そうなカルチャーがあるように見える業界だが、服装に関してコンサルティング会社は結構うるさい。

二人は二〇貫一三〇〇円の握り寿司ランチを注文した。

店内にはパラパラと一人で寿司を食べている会社員らしき人々がいる。照明は暗いが、厨房の蛍光灯は明るく、光が漏れてくる。

鉄雄は茶目っ気たっぷりの表情で言った。

「まだ転職したい？　それならいいところ紹介するよ」

「勘弁してくれよ。ようやく頑張ろうと思えてきたんだから」

「それは何より。さすがノボルだな」

何が「さすが」なのかは、よくわからなかったが、鉄雄に褒められるのは悪い気分ではない。

「今日は何のセミナー？」

「いつもと同じ、キャリアプランのセミナーだよ」

そういえば立花が参加した鉄雄のセミナーもキャリアセミナーだった。需要があるのだろうか。

「そういうセミナーって、誰が主催しているの？」

「一番多いのは、うちのような人材紹介会社。次に大手の人事部が社内向けにやるとかかな。年功序列の会社が減ってるからね。大手企業でも、社員に積極的にキャリアプランを自分で作ることを勧めているってことだよ」

「そうなんだ」

宇和島は前職の大手電機メーカーを思い出した。

上場企業だったので「よらば大樹」と考える人にとっては理想の会社だったかもしれないが、悪く言えば突き抜けたところは何もなかった。

業績も可もなく不可もなく。過去から付き合いのあるお客さんの注文で食っている保守的な会社だった。高度成長期に大きくなった会社だが、ここ二〇年、イノベーティブなことは何一つ起こせていない。多分、あの時代は誰が会社を経営してもうまくいく時代だったのだろう。経営者も数年で交代するサラリーマンだから、無難なことしかせず、リスクを取ることもない。

つまらない会社だったので宇和島は転職をしたが、同期のことを思い出すと、未だに「会社の言うとおりにやっていれば報われる」と信じている人もいた。

宇和島はその彼の人生にはなんの興味もなかったが「コンサル会社に転職する」と伝えたときに「すぐクビにならないように気をつけなよ」と嫌味を言ってきたのには腹がたった。

そんな前職の会社が、つい最近大規模なリストラを発表していたのを、宇和島はニュースで見ていた。最近は業績がさほど悪くなくても、先を見越してリストラをする会社がある。あいつはどうなっただろうか。キャリアの心配はオレよりあいつに必要だったな、と宇和島は甚だ意地悪な気分になった。

今はもう、キャリアの形成も「受け身」では全くダメなのだろう。自分からキャリアを定め、必要な条件を求めていく必要があるのだ。

クライアントを納得させる結果の出し方

「ノボル、食べないのか？」

宇和島は、鉄雄の声で我に返った。鉄雄はすでに寿司を食べ始めている。

「すまん、考えごとをしていた」

「仕事で結果が出てきてる、ってことだったよな」

「そう思ってたんだけど、今は雲行きが怪しい」

すると鉄雄は言った。

「そうじゃないかと思ってたんだ」

「またまた、冗談きついよ」

「いや、本当だよ。だから連絡した」

鉄雄がなぜこちらの事情を知っているのかはわからないが、とりつくろう理由がない。

宇和島は正直に言うことにした。

「アウトプットを中心に、っていう話は確かに役に立った。プロジェクトも無事に再開した。けど、なかなか結果が出ない。このままだと、またプロジェクトが中止になってしまいそうだ」

宇和島は暗い話をしたつもりだったが、鉄雄は思いのほか明るい表情をしている。

「アウトプットの話、意識してくれてたんだ。それは嬉しいね。キャリア相談でも、**なかなか最初の一歩を踏み出せない人が多くてさ。これればかりは『生き方』の問題だから、こちらとしては強制もできないし。**ノボルがそこを越えてくれるかどうかだけが、一番気になってたんだよ」

「鉄雄にはとても感謝してる。アウトプット志向はプロジェクトにポジティブな影響があるし、上司の評価もかなりあがってると思う。ただ、プロジェクトで結果が出るかどうかは別なんだよ」

「すいません！　お茶を二つください！」

鉄雄は店員にお茶のおかわりを要求した。

気がついた店員がお茶をもってくる。大きな急須から、湯呑にたっぷりとお茶が注がれる。やけどしそうなくらいの熱々のお茶だ。

鉄雄は恐る恐るお茶をすすりながら言った。

「いや、それでいいんだよ。**『アウトプット志向』にもインスタントに結果が出せることと、じっくり取り組まないとちゃんとした結果が出ないものがある**」

「どういうこと？」

「前にはあえて言わなかったのだけど、**アウトプット志向であっても、インスタントに結果が出るのは主に『人間関係』だけ。単純に言うと、『手を動かさない』『働かない』『受け身』っていう評価が改善されるだけだから。その直後の仕事の結果とはあまり関係がない。**前にも言ったけど、出世と実績はあまり関係ないし」

宇和島には心当たりがあった。

確かにこの短期間で劇的に人間関係は改善した。上司との関係、クライアントとの関係。ただ目立った「成果」をあげているわけではない。それには宇和島も薄々気づいていた。

「結果が出てくるのはこれからだよ。だからちょうど悩んでいるんじゃないかと思って連絡した」と鉄雄は言った。

冷泉もそう言っていた。

しかし、宇和島には時間がない。

「言ってることはわかるけど、それまで持つかどうか。こないだのミーティングでは早く結果を出せと言われた。報告したら、上司はクライアントを説得しろと」

「うん。それはそうだと思う。だから今日は次のステップ」

「次があるのか?」

「そうだよ、人の評価だけを気にしても、それはあくまで『点数稼ぎ』であって、本物の成果じゃない。ただ**『点数稼ぎ』すらできない人にはチャンスすら与えられないのが現実だよ**」

宇和島はそれについては異論がなかった。

まずは信用を積み上げてチャンスをもらう。チャンスをもらったら、それを成果につなげるということか。

成果をあげるには時間が必要だ。ところがクライアントは気が短い。で、どうすれば……、と聞きかけて、宇和島は言葉をぐっと飲み込んだ。アウトプットせねば。

「ちょっと考えさせてくれないか」

「もちろん」

宇和島は想像した。組織の中で結果を出す、結果を追求する。よく言われる話だが、実は曖昧な概念なのではないか。

その証拠に、具体的に「結果を出すプロセス」は、宇和島もよく理解していない。**なんとなく、仕事を精いっぱいやれば成果が出るような気もしていたが、現実的には厳しいタイムリミットがあり、途中途中で成果を出せなければ、次のチャンスは得られない。**

つまり「長期的で本質的な成果」を求められているわけだが、同時に「短期的で、利害関係者に見せるための成果」も出さなくてはならないということになる。

つまり、長期と短期の両立だ。

今のプロジェクトの場合、長期的な成果はもちろん、メディアの成功だ。

もっと噛み砕いて言えば、クライアントの商売に対してPR効果が得られるくらいまでメディアへの訪問者が増え、売上利益への貢献が得られること。しかし、それは急に成果が出る性質のものではない。ではこの場合、短期的な成果とは何か。

「短期的な成果もクライアントに見せる必要がある」宇和島は言った。「だが、どうすればよいのか、わからない」

するとき鉄雄は言った。「お客さんが考えている『最終的な成果』って何？」

「そりゃ、問い合わせだろう」

「短期的に問い合わせを増やす方法はない？」

「どういう意味だ？」

「だって、メディアへの訪問者はゼロじゃないんだろう？」

「そこそこ増えてきた」

「そこから問い合わせをもらえばいいじゃない」

「いや、メディアを大きくしてから……」

「なんで大きくなるのを待たないとダメなの？」

「……」

鉄雄は宇和島に向き直った。

「ノボル、思い込んでるね。今はもうクライアントとの関係は良好なんだろう？」

「まあ、そう思う」

「だったら、早くお客さんに問い合わせをもらおう、と言うべきでは？ **今のアクセスで問い合わせがもらえなかったら、メディアを一〇〇倍の大きさにしても、成果にはつながらないかもしれない**」

宇和島は考え込んでしまった。鉄雄に言われてみれば、全くそのとおりだ。

「ノボルは、ザッポスという会社を知ってる？」

「名前は聞いたことがあるような」

「まあ、知らなくてもいい。ザッポスは一九九九年にニック・スインマーンという人物が創業した、靴のオンラインショップのスタートアップだった。二〇〇九年にアマゾンに買収されたときの金額は推定で一二億ドル。一〇年で一二億ドルの企業になった」

「とんでもない会社だな」

「今では靴のオンライン通販なんて大して珍しくもないけど、一九九九年当時は他にそういったものはなかった。しかも、当時は大きな投資をして失敗した電子商取引の企業が乱立していた。要するに、オンラインで靴を買う人がいるなんて、誰も思わなかったんだ。ところがニック・スインマーンは全く違うアプローチをとった。大きな倉庫や流通業者と交渉をする前に、まず近所の靴屋に行って、店主に頼んだんだ。『在庫の写真を撮らせてくれ。webに掲載する。誰かが買ってくれたら、お店の売値で買うよ』と」

「それは賢いな」

「そう、きわめて賢いやり方だ。靴は売れた。そして、代金の回収や返品、サポートの提供についてもスインマーンは実験して、オンラインショップの実現性を確かめた。それからは、破竹の勢いだ」

宇和島は鉄雄の言わんとすることがわかりかけてきた。

「別の話もしよう。僕の友人で香港に赴任していた日本人がいる。彼は香港で新鮮な野菜が手に入らないことに悩んでいた。しかも、スーパーに売っている野菜は、品質が悪いくせに高い。周りの日本人に聞いても同じことに悩んでいた。で、彼は考えた。自分で日本の野菜を輸入して販売するようなお店を作れないか、と。間違いなくニーズはあると彼は睨んだ。彼は日本の知人に頼んで、野菜の販路に悩んでいる農家を紹介してもらい、何度か自分の手で輸入してみた。そして実際に香港の知人たちに、野菜を買ってもらった」

「へえ、上手くいったのか？」

「残念ながら、輸送が思ったより難しく、ロットが小さいのでコストも高くつくことがわかった。四、五回試したが、どうしても輸送の問題が解決しなかったため、彼は傷が小さいうちに撤退することにした。でも、彼は生鮮品の輸入の難しさを学んだし、撤退も早かったので特に困らなかった」

「つまり、早く問い合わせをもらう努力をしろ、って言いたいんだな」

「いいや、『早く失敗しろ』と言っているんだ」

「失敗しろだって？」

「そう。問い合わせをもらうためにメディアをつくっているなら、なぜ早く問い合わせをもらおうとしないのか。早く失敗して、そこから学ぶことこそ、新しいことを始めたときにまず重要なことだ。でも、大抵の人は失敗したくないから、『準備ができていない』とか『大きくなってから』とか言い訳するんだよ。それはアウトプット志向じゃない。いいかいノボル。**お客さんは問い合わせが一件でも来れば、間違いなくそのプロジェクトを見直すと思うよ。ゼロとイチは、雲泥の差なんだ。**成果が出せるかどうかの検証は早ければ早いほどいい」

振り返ると、宇和島は確かにここ最近はメディアへのアクセス数を伸ばすことに躍起になっており、**最終的な目標である問い合わせをもらうことや、その先の営業に関心を払っていなかった。**

それは**「仕事を一生懸命やっている」ことにはなるが、実は「アウトプットしている」ことにはならない。**真の目的を見失っていたのは、宇和島のほうだった。だから、クライアントは不満を持ったのだ。

「鉄雄、ありがとう。助かったよ。何をすべきかわかった」

「大したことは言ってないよ」

「まあまあ、ここの食事代はオレが持つよ」

そう言って宇和島は立ち上がったが、鉄雄は何か思案している。

「どうかしたか？」

「いや、何でもない」

この前も何か腑に落ちない点があった。

「なんだよ、何か気になることでもあるのか？」

「いや、特に気にするようなことでもないんだ。また連絡するよ」

新しいコンサルタント

鉄雄と別れてオフィスに戻ると、メッセージを見たらデスクに来るように、と冷泉から連絡が入っていた。ようやくプロジェクトに代替人員がアサインされたらしい。冷泉は約束を守ってくれた。このタイミングでの人員追加は非常に助かる。

冷泉のブースに向かうと、見覚えのない人物が一人、冷泉のデスクのそばに立っていた。随分と背が高い。一八〇センチ以上はゆうにあるだろう。二人で何か話し込んでいるようだ。冷泉と目が合うと、「会議室に入れ」と合図をされた。

会議室のモニターには、クライアントのメディア施策についての資料が映し出されており、議論されていた跡が窺《うかが》える。宇和島がそれを眺めていると、冷泉ともう一名が中に入ってきた。

「こんにちは。二階堂《にかいどう》と申します」

さらりと挨拶をする。今どきの雰囲気だが、髪はきっちりとまとまり、靴はピカピカだ。ベルトとの色もあっている。宇和島の第一印象はよかった。

「宇和島です。よろしくお願いいたします」

「今日からプロジェクトに新しく参加する二階堂だ。別のプロジェクトでSNSマーケティング※の担当をしていたが、前倒しでこちらに来てもらった」と冷泉は手短に紹介する。

「早速だが、今後のプロジェクトの方向性について、少し議論したい。時間は大丈夫か？」

「大丈夫です」と宇和島は返事をした。

「前回の定例の件だが、もう一度、状況を共有したい」

宇和島は議事録を開いた。

「はい。目標としていたページビュー数、ユーザー数に対して二〇％ほどショート※していましたので、そこを突っ込まれました。幸い、先方の課長が上層部に『時間をください』と頼んでくれて事なきを得ましたが、あまり長くは持たないでしょう」

冷泉はメディアへのアクセス数などの解析データをモニターに映し出して眺めている。

「宇和島、この状況で、どうやってクライアントを説得する」

「正直に申し上げて、昨日までは見当もつかなかったのですが、今日一つ案が出ました」

冷泉の眉が片方、上がった。

「結論から申し上げますと、メディアからの問い合わせに注力すべきかと。ページビュー数、ユーザー数については伸びてきていますが、クライアントの要求する水準まで急激に伸ばせるかどうかよくわかりません。したがって、わずかでもよいので、問い合わせの数字をつくり、売上利益への貢献を見せれば、プロジェクトメンバーの意見も社内で通りやすいのではないかと思います」

冷泉は珍しく微笑した。「なるほど、では私からの説明は不要だな」

宇和島には意味がわからなかった。「どういうことでしょう?」

「まさにその話を二階堂としていた。最終的に宇和島に確認をするつもりだったが、問題はないようだな」

冷泉はPCで開いているスライドの資料を宇和島に見せた。

「施策としては、問い合わせにつながりやすい商材や機会を用意し、導線をつくる。今のメディアのレイアウトを変える必要があるだろう。またメルマガの運用開始の予定を前倒しして、ここからも問い合わせを増やすようにする。あとはメディアへのアクセス増加を

※SNSマーケティング…SNSアカウント運用やSNSキャンペーンの実施など、SNSを通じて消費者とコミュニケーションを行うデジタルマーケティング活動。
※ショート…ビジネス用語で「不足している」の意。

狙ってＳＮＳの積極的利用を進める」

宇和島は冷泉の対応の早さに驚愕した。もうすでに対策を検討済みだったのか。

いや、本来は自分の仕事だ。みずからの力量不足と認識すべきだろう。

だが、ＳＮＳの利用についてはもう少し先だと思っていた。二階堂と先ほど話していたのは、その件だろうか。

二階堂がＰＣを冷泉から受け取って、話を引き継ぐ。

「では、本案件における、ＳＮＳの役割とアクセス増加の手法について、簡単にご説明します――」

二階堂の説明を聞きながら、宇和島は考えていた。

宇和島はFacebookには登録をしているが、他のＳＮＳはあまり使ったことがない。せいぜいごく近い友人とＬＩＮＥでやり取りをするくらいだ。ニュースはもっぱらニュースアプリを通じて読むことが多く、他には草壁のブログなど、好きなブログをいくつか拾い読みしている。

実は、宇和島がSNSをあまり使わないのは、会社から出ている利用ガイドラインの影響が大きい。つまりSNSで実名や会社名を出して発信する行為は、いち私人の行為にとどまらない、ということだ。仮に炎上に至った場合は、何かしらの処分、最悪、解雇もあり得ると聞く。

そのため宇和島はSNS、特にTwitterの利用を「リスクの高い行為」と認識していたのだ。

「SNSは主に、二つの役割で利用されます。一つは自社の情報を発信すること、そしてもう一つはユーザーが発信した自社の評判を調べることです」

二階堂の話によれば、SNSは理想的には「自分たちがネタ作り」をし、それについて「ユーザーたちにあれこれSNS上で話してもらう」ことを目指すためのツールだという。最近では積極的にSNSでプロモーションを行う企業も増え、事例には事欠かない。

「……これらの施策により、自社メディアだけではなく、SNS上でインプレッション※を稼ぎ、さらに認知を高めることができます」

二階堂はそう言って、締めくくった。話はわかったが、宇和島には一つ懸念事項があっ

※インプレッション…Twitterではツイートがユーザーに表示された回数を指す。

た。

「クライアントはＳＮＳの利用について、イエスと言っているのですか？」

今度は二階堂ではなく、冷泉が答えた。

「以前に軽く話をしたことはあったが、まだ正式に進めているわけではない。以前から牛丸さんはやる方向で進めたいとは言っているが、まだメリットがよく見えていないとも言っていた。ただ、今以上のスピードでアクセスを増やすなら、ＳＮＳは不可欠だ」

「なるほど……」

とは言ったものの、正直なところ、実際のアクセス増加のイメージが湧かなかった。

それはクライアントも同じだろう。すぐに首を縦に振るとは思えない。宇和島には説得の道筋が見えなかった。

しかし冷泉は「二階堂と協力して、クライアントの説得にあたってくれ」と言う。

宇和島は困った。

「ＳＮＳのメリットが、まだよく見えないのですが……」

すると二階堂はあきれたように肩をすくめる。

「さっき説明したとおりですよ」

宇和島は頭に血が上ったが、平静を装った。

「これだけの情報では、クライアントの説得は厳しいです」

二階堂はふふん、と鼻で笑った。

「現状、私から提供できるのは『ファクト』だけです。クライアントが納得する形に言い換えるのは、宇和島さんにお任せします」

こいつ、嫌な奴だ。宇和島は腹の中で二階堂を「嫌な奴リスト」に加えた。だが一体、どうすべきだろう。これ以上二階堂に教わっても、おそらく進捗はなさそうだ。

するとニ階堂が言った。

「これ以上は頭で考えるような話じゃないですよ。どうすりゃいいか迷うなら、宇和島さんが個人で実際にSNSをやってみりゃいいんです」

宇和島は固まった。

「い、いや……」

「最初の入り口はきっちりお伝えしますよ。でも宇和島さん、自分が実際に試していないものを、強く人に勧められます?」

これは二階堂に一本取られた。だが、果たして自分はやり切れるのだろうか。

だがアウトプット志向であればここは「試す」の一択だ。

「今日からやろう」

「じゃ、宇和島さん、今からアカウントを開設しましょう。一カ月で三〇〇フォロワーが目標ですね」と二階堂は楽しそうに言った。

仕事が辛いときほど、プライベートの予定を入れよ

パントリーでコーヒーを飲んでいた立花は、仕事に戻ろうとコーヒーを飲み干し、カップをホルダーから外した。プラスチックのカップを燃えないゴミ用の箱に放り込むと、窓の外を眺めた。霞が関の官庁街が見える。

ふう、と一息ついて立ち去ろうとしたとき、宇和島がちょうど、パントリーにコーヒーを取りに入ってきた。

「お、宇和島くん。久しぶり」

「立花さん、ご無沙汰です。以前は相談に乗っていただいて、すいませんでした」

そう答えて、宇和島はコーヒーメーカーのスイッチを入れた。機械がうなりだし、抽出が始まる。

「今日は社内作業みたいね」

「経費精算とか会議とか、今日は色々とありました」

宇和島はマシンからコーヒーカップを取り出し、カップホルダーにセットして口をつけた。

「疲れているように見えるけど」

「SNSを始めることになりまして。それが結構大変そうなんです」

二階堂のレクチャーによると、基本的にあまり難しくはなかった。

ただ、単純に手間がかかる。

一つひとつのツイートのアナリティクス※を見て、どのような発言が広く読まれたかをチェックすること。

まずは知人中心に一〇〇名くらいまでフォロワーを増やすこと。

※アナリティクス…データを分析して特定のパターンや相関関係などを抽出すること。Twitterでは、インプレッションやエンゲージメント（クリック、RT、返信、フォロー、いいね、などの数）などのデータから分析を行う。

ある程度専門性の高いツイートを一、二時間おきに発信するが、仕事に支障が出ないように、ツイート予約機能を使うこと。

ニュースのシェアは可能な限りコメントをつけて行うこと。

フォロワーがコメントをくれたときには、それに積極的に返信をすること。


これらにかかる時間を見積もると、一日に約一時間半程度は必要だった。

SNSが大好きであれば、無意識にこのくらいの時間は使ってしまうのだろうが、不慣れな宇和島にとっては軽くない負担である。仕事が忙しい中、宇和島は気が重かった。

「年末は休めたの？」

「おかげさまで。今も特に遅くまで残っているわけではないですし、休日出勤もないですよ」

だが立花の見立てどおり、実は宇和島はストレスに悩んでいた。

例えばクライアントとの定例が近づいてくると、全く気が休まらない。

以前は登山、釣りなどのアウトドア活動を友人たちと楽しんでいたが、最近はあまりそのような気にもなれない。酒量と体重が増えた。はっきりとした不調は感じないが、常に疲労感があり、目の前が曇ったような感覚。

私生活が逼迫《ひっぱく》している。

しかし、そんな弱音を立花に言うわけにもいかない。

「宇和島くん。無理するとよくないよ。私も冷泉さんのプロジェクトのときは、かなりストレスがたまったからね」

「どういうことですか？」

立花ですらストレスがたまったというのは聞き捨てならない。自分に若干その兆候があるのだから、なおさらだ。

「だって、冷泉さんギリギリまで助けてくれないからね。あの人、プロジェクトが修羅場になるまで口出しせず、自力で切り抜けさせるように仕向けるんだもの。考えようによっては鬼だよね」

そういえば、冷泉が**「能力は修羅場を経験しないと向上しない」**と言っていたことを、宇和島も覚えている。あれは冗談ではなかったのか。

部下を安全圏から少し出し、ギリギリのレベルでアウトプットして働かせることで、部下の能力を引き出す。

それが彼の方針の根幹にあることは間違いない。

「私も冷泉さんのとこでリーダーやってるときには、何度かヒヤッとしたよ」

もちろん、その「立て直しの体験」は立花の血肉になっており、その手腕で彼女はマネジャーにいち早く出世できたのは事実だ。

宇和島は、冷泉のプロジェクトにおけるクライアントのクレームは、むしろ計算ずくであり、冷泉のリスク管理の範囲内かもしれない、とふと思った。

「立花さんでも、大変だったんですね」

「あれ、言ってなかったっけ？　私、冷泉さんのプロジェクト中、すっごい太ってさ。やばかったんだよ」

立花が冷泉のもとで働いていたのは、約一年半。冷泉のプロジェクトが終わると体重は元に戻ったそうだが、ストレスによる過食が大きかったと立花は言った。

「まあ、仕事がきついと、プライベートがいい加減になるからね」と、立花は言った。

「立花さんの言うとおり、最近なんとなく疲れてます。体っていうより、精神的にです」

「この仕事は神経遣うからね。何かでリフレッシュしないと、本当に追い込まれちゃうよ」

「少し前は結構走ってたんですけどね。あと山行ったり。学生時代の友達に誘われて、始めただけですけどね」

「最近は行ってないの？」

「なんとなく、やる気が起きないんですよ」

「あのね、宇和島くん、プライベートをコントロールするのは簡単だと思っている人は多いんだけど、『あとまわし』でも何とかなってしまうから、**実はプライベートのほうがコントロールが難しいんだよ**」

冷泉はプロジェクトを破綻させたことはない。

だが、冷泉とクライアントからのプレッシャーに耐えきれず「コンサルタントに向いていなかった」と会社を去ってしまう人を立花は数多く見てきた。今も昔も、コンサルタントは過酷な仕事なのだ。そして、社内で冷泉が「容赦ない」と評価されているのは、「コンサルタントに向いていない」と、はっきりと本人に告げるからでもある。

そして現在、宇和島はその瀬戸際にいるようだ。

「でも、今はあまり休む気になれないんですよ」

宇和島は学生の時分から、何かが気になっていると、休日でも心から休めないことが多かった。旅行の前日に眠れないタイプだ。

するど立花は思いついたように言った。

「じゃ今度、みんな集めて山に行かない？　結構興味ある人、いるんじゃないかな」

「今は真冬なんで、結構厳しいですよ。高尾山とか筑波山とか、みんなが登れる山だったらいいかもですが」

「じゃ、ジョギングはどう？」

「それなら、自分も再開したいと思ってたので」

「じゃ、プロジェクトの周りの人に声かけてみるね。宇和島くんも、周りの人に声かけてみて。あと……」

「あと？」

「冷泉さんとかね」

冷泉をジョギングに誘うのはいささかハードルが高いが、大勢で集まってジョギングをするのは、なんとなく楽しそうだ。もしかしたら、草壁も誘えば来るかもしれない。運動は得意そうだった。宇和島は立花と日程を調整し、手帳を閉じた。

「わかりました。ありがとうございます」

「ま、他の人がだめだったら、最初は二人でもいいからとりあえず走ろう」

立花の誘いは確かに、宇和島にとって大きかった。

慢性的な疲労感が漂う日常に、一つの予定が差し込まれただけで、これほど晴れ晴れとした気分になれるとは。

立花は宇和島の顔が晴れやかになったのを見て言った。

「ね、リフレッシュのコツを教えてあげる」

「コツ？」

「そう。私も昔、激太りしたとき、教えてもらったんだ。**仕事が辛いときには、私生活がいい加減になりがちだけど、そんなときほどプライベートの予定を充実させると、とてもいい気分になれる。とにかく予定を入れろ、って。**で、私毎日体を動かすようにしたんだ。なんでもよかったんだけど、当時はヨガが流行ってたから、行くようにした」

だが、宇和島にはピンと来なかった。この忙しい時期に、運動などとても考えられなかったからだ。

「どうやって時間を作ったんですか？」

立花はにっこり笑った。

「簡単だよ。スケジュールに先に入れること」

「先に入れる、っていうのは？」

「文字どおりだよ。体と心の健康は何より大事。それを保つための予定を最優先でスケジュールに入れ込む。そこは絶対に動かさない。これやると、めちゃくちゃ効果があるんだな」

言われてみれば単純だが、確かにそれは効果がありそうだ。実際、立花のプランで宇和島の気分は激変した。

「体のことは、本当にあとから後悔するからね」

立花はそう言って、パントリーを立ち去った。

宇和島は極めて重要なことに気づいた。

「スケジュールに入れたことをやる」ということは、すなわち「スケジュールにないことはやらない」ということなのだ。

体調管理にせよ、SNSの運用にせよ、時間の捻出は自然にできることではない。

それは「まずその時間を確保する」ということから始まる。

立花の言うとおり、心と体の健康以上に重要な仕事などない。宇和島は冷泉への誘い文句を考えながら、パントリーを後にした。

Chapter3のポイント

- 服装もアウトプットの1つ。仕事のときは自分の趣味ではなく、「どう見られる必要があるか」「どんな印象を与えたいか」を基準に服を選ぶ。

- 「アウトプット」によって、インスタントに結果が出せるのは主に人間関係だけ。仕事で結果を出すには、中長期的な取り組みが必要となる。

- 仕事で結果を出すには、「一生懸命やっている」だけではダメ。最終的な目標を見据えて、結果を出すプロセスに向けて「アウトプット」しなければならない。

- 「修羅場」を経験することでしか能力は向上しない。安全圏から少し出て、アウトプットを行う勇気が飛躍的な成長につながる。

- 時間の捻出は自然にできることではない。何かをやろうとするときには、まず「その時間を確保」することから始める。そして、スケジュールにないことはやらない、という割り切りも大事である。

Column

えっこれも
“アウトプット”
なんですか!?

アウトプット道 虎の巻外伝 2

書類を作ったり、企画を提案したりするのだけが
“アウトプット”ではありません。
意外だけど効果的な“アウトプットのTips”を紹介します。

会議では書記になって 主導権を握れ

会議で話がまとまらないときは、ホワイトボードを持ってきて“書記”として場を仕切っちゃいます。「議事は何か」「どんな意見が出ているか」をアウトプットするだけでも、会議の密度が変わりますよ。

草壁

大事な用事から スケジュールに埋め込もう

仕事、勉強、プライベート……使える時間は限られている。だから、スケジュールを組むときに「この予定は本当に必要？」と自分に問いかけて、大事な用事から順に記入するようにしてるよ。

立花

歯医者に行くのも アウトプットである

体調管理、とりわけ歯の健康は予防が本質。ちょっとした虫歯を放置したせいで、余計な治療費や治療時間が必要となることも多い。歯のようにすぐに問題が出ない疾患こそ、すぐに行動すべきだ。

冷泉

Chapter

4

情報発信の本質

クライアントを説得するため、まずは自身のTwitterアカウント運用を始めた宇和島だが、時間や手間の割に結果は芳しくない。草壁に相談すると「投稿から『やらされ感』しか感じない」と見抜かれてしまう。さらに、新しいプロジェクトメンバー・二階堂との関係も前途多難。そんな中、冷泉から「仕事における信頼の礎はなんだと思う?」と問いかけられる。

SNSで成功するためのアウトプット

新橋のガード下をくぐり昭和通り沿いを進むと、汐留の高層ビル群に至る道がある。

宇和島は道を確認しつつ、汐留に向かっていた。

昭和通りから、一本中に入り、テラスを抜けた先にある、巨大なビルの一階のカフェでアイスコーヒーのトールサイズを注文する。

そして宇和島は近くの窓際の席に腰を下ろした。

今はちょうど、午前八時。Twitterに投稿する時間だ。

宇和島はタイムラインをチェックし、いくつかの記事に「いいね」をつけた。

自分宛てのリプライが来ていないかどうかを確認したが、残念ながらまだ一件も来たことはない。一通りチェックを済ませたところで、宇和島は投稿のネタを考えた。

二階堂からは「Twitterの仕様上、ある程度の頻度で発信したほうが、インプレッションが伸びやすい」と聞いていたので、一日あたりの投稿数の目標を五件としたのだが、慣れないため一件投稿するだけでも一〇分、二〇分考え込んでしまうこともある。

宇和島は悩んだ挙句、草壁のブログの記事にコメントをつけてシェアした。

投稿のインプレッションやクリック数などをチェックするように二階堂から言われてはいたが、どうせわずかな数だ。宇和島はスマートフォンを伏せた。

アイスコーヒーのカップの周りには水滴がついている。テーブルに落ちた水滴を掃除していると、草壁が店に入ってきた。

「お疲れっすー」

「助かったよ。時間を割いてくれて」

「いえいえ。全く構わないっすよ」

メールで質問をしたところ、直接会ってやり取りしたほうが早い、ということで今朝は草壁に時間を割いてもらっていた。

というのも、Twitterを運用した成果がサッパリだからだ。本来であれば二階堂にアドバイスを仰ぐべきなのだが、それも癪に障る。そこで草壁にアドバイスを求めた。

「そういえば、草壁のところがSNSで成功してるって何かの記事で読んだよ」

宇和島は草壁に言った。

「あーアレ、実は、ウチがやったのは大したことじゃなくってですね……」

「そうなのか？」

「ソーシャルでの広告にそこそこの予算を投下しただけで、別に特別なことはしてないです」

「でも、それだけで記事になるのは不思議なんだが」

「あれは知り合いのライターに手を回しただけです。金融で初という切り口なら記事にできる、と。売り上げが伸びたのは事実ですが、コストも結構かかってますからね。上から『広告費使え』って言われてやったんですよ」

記事をそのまま信用するな、ってことか。宇和島はがっかりした、これではクライアントに勧めることができない。

ところが、草壁は言った。

「とはいえ、何一つ話ができない、って訳ではないです。要はどうやって投稿に人を集めるか、って話ですよね」

「うちは広告予算を持ってないんだ」

「必要ないですよ。投稿の質が高ければいずれ人は集まります。広告を使うと、そのスピードが少し上がる、ってくらいですよ」

宇和島は身を乗り出した。

「まさに、その話を聞きたい」

「宇和島さんのアカウントを見せていただいていいですか」

草壁はタイムラインを眺めて、すぐに言った。

「宇和島さん、申し訳ないんですけど、投稿は確かにつまらないっす。これじゃフォロワーはつかないですよ」

「はっきり言うなあ」

「すいません、でも、多分ご自身でも気づいてるんじゃないかと思うんですけど、**宇和島さんの投稿から感じるのは『やらされ感』です。いかにも企業アカウント、という感じですね。やってて楽しくないでしょう**」

やらされ感、と言われて宇和島は苛立ちを感じたが、草壁にそれをぶつけても仕方がない。

確かに宇和島は現在、**Twitterを「こなさねばならない仕事」ととらえている。しかし、**

少なくとも投稿を真面目にはやってきたはずだ。

するとと草壁は言った。

「宇和島さん、『発信』について、重要なことを見落としていると思います。例えばですね、ちょっと極端な例ですが、『イエメンの石油採掘の遅れ』と『在宅勤務者にお勧めのコスパがいいオフィスチェア』のツイート、どちらが多く読まれると思いますか？」

「そりゃ椅子に関するツイートだろう」

「それは、なぜですか？」

「すぐ役に立ちそうだし、コスパがいい、という話に惹かれる」

「ですよね。SNSって、そういうとこなんです。要するに、**読まれる発信っていうのは、『役に立つ』か『面白そう』かのどちらかだってことです。今の宇和島さんの投稿にはそれが欠けてます。やらされ感で投稿するとそうなりがちですけどね。アウトプットすりゃいいというわけでもないんです**」

草壁の指摘は妥当だった。

要するに、広く読まれたいなら投稿は「人を楽しませるもの」でなくてはならない。当たり前の話だが、「とにかく発信」と思ってしまうと、抜けてしまう観点かもしれないと、宇和島は思った。

「これ、仕事だと思ってるとダメだな」

「宇和島さん、真面目ですからね。むしろこういうのって、楽しみとか、趣味でやる人のほうが強いんですよ」

仕事だと思うからダメ。でも実際には仕事だ。どうすべきだろう。

すると、草壁は宇和島のアカウントを見ながら言った。

「多分ですが、原因はこれですね、宇和島さんがフォローしてる人が面白くないっすよ。公式アカウントとか、マスコミとか、有名な評論家とかを適当にフォローしているだけじゃないですか。真面目なアカウントばかりフォローしてるから、Twitterが面白くならないんですよ。お勧めのアカウントがいくつかあるので、彼らをフォローしてみてください。**つまらないアカウントをフォローすると、アウトプットもつまらないものになりますよ**」

草壁の勧めに従い、宇和島はひとまず草壁をフォローし、草壁がフォローしている人々のタイムラインをチェックして、さらにその先をフォローした。

そして、改めて投稿を見ると、「有名人であるというだけでフォローされている人」と、「投稿が面白いのでフォローされている人」との違いがはっきりとわかる。

宇和島は前者のフォローを外し、後者をフォローしていくことにした。そのほうが単純に面白そうだったからだ。

小一時間で、宇和島はフォローする人物をすっかり入れ替えた。すると、今までとは全く異なるTwitterの側面が見えてきた。タイムラインの発言に勢いがあり、独自の見解が次々流れてくる。まるで、いくつもの面白いブログを読んでいるかのようだ。

宇和島は草壁のブログを読むことが習慣になっていたが、Twitterはそれ以上に中毒性が高い、と感じた。あれほど面倒だったTwitterだが、これからは逆に遠ざけておかないと仕事に支障が出そうだ。宇和島は草壁に深く礼を述べたところで、思い出した。

「ところで草壁、今度うちの会社でジョギングをする企画があるんだけど、時間があったら一緒に走らないか？　冷泉さんも誘おうと思ってる」

草壁が「来づらい」と思うかもしれないと思い、宇和島は控えめに誘った。

ところが草壁は全く気にする様子もなく「いいんですか、絶対行きますよ！」と言う。

「前の職場の人たちと、できるだけつながっておきたいですからね」

宇和島の前の会社は「辞める奴は裏切り者」的な扱いをする上司や同僚も多かった。古い会社はそういうもの、とわかっていても、親しかった同僚ですらそのような態度に変わったのは、宇和島にとっては寂しいことだった。こういうのは、とてもいいカルチャーだ。

部下から相談がないと動かない上司は無能

週一回の、冷泉との打ち合わせのため、宇和島は冷泉のブースへ向かった。併設の会議室ではすでに冷泉が席についている。二階堂がＰＣとコーヒーを抱えて会議室に入ってきた。「では始めようか」と冷泉が言う。

まず宇和島の報告からだ。

「実際にTwitterをやってみて思ったのですが、きちんと運用すればそう難しくありません。ただ、記事へのアクセスと同様に、こちらもある程度時間がかかります。特にフォロワーを増やすのには、辛抱が必要です」

「それではクライアントへ提案しづらいな」

「正直、私も自分のアカウントの運用で精いっぱいです」

「二階堂はどうだ」と冷泉が聞く。

「そうですね。宇和島さんの言うこともわかります。でしたら「Twitter は、その仕様上、投稿の表示数、つまりインプレッションが伸びやすい傾向にあるので、メディアに掲載した記事を簡潔にまとめて投稿していく形であれば、運用の負荷も低く、かつ読者候補を集めることもできるかと思います。ただし、Twitter に慣れるには時間がかかるので、初期はこちらで運用したほうがいいと思います。クライアントの負担が低いほうが、内部でも賛同は得られやすいかと。また、こちらである程度、運用の成功例を示せれば、クライアントの担当への引き継ぎも簡単です」

「運用は誰がやるんだ」と冷泉が聞く。

「特に意見はないです。決めていただければそのとおりにやります」と二階堂。

冷泉は言った。

「意見がないなら、ここにいる必要はないぞ。二階堂」

二階堂が凍りつく。「いえ……、意見がないというのは失言でした」

しかし、見るからに二階堂はやりたくなさそうだ。実際、自分からやります、と言わない。二階堂は言葉を継いだ。

「ただし、フォロワーを増やすには、アカウントのオリジナリティが問われるので、記事をまとめただけだと投稿がバズってもあまりフォロワーが増えません。実際は『面白い人』にフォロワーがつきやすいのは確実なので」

宇和島は二階堂に質問した。

「そうなると、過去の投稿をまとめつつ、オリジナルのツイートをつくっていく、というのはかなり難易度の高い仕事になりそうですね」

「まあ慣れの問題なのですが」と二階堂は言った。

宇和島は思い切って尋ねた。

「では、運用を二階堂さんに任せても大丈夫ですか？」

「え、私ですか……。まだイメージが湧かない部分があり……、少し時間をいただいていいでしょうか」

宇和島はにっこり笑った。

「構いません。けど前、とりあえずやってみろと二階堂さんは私に言いましたよね」

「そうでしたっけ？」

こいつ、すっとぼけやがって、と宇和島は思った。

冷泉が言った。「二階堂、何かできない理由があるのか」

「いえ、やります……」

頼りない返事だ。しかし、専門家としてプロジェクトに参画しているのだから、彼にも役に立ってもらわねばならない。二階堂は確かに知識はありそうだが、自分で手を動かすことを極端に嫌がる傾向にあるな、と宇和島は思った。


打ち合わせが終わり、宇和島と二階堂が部屋を出ていこうとしたとき、冷泉は宇和島に「ここに残れ」という合図をした。宇和島が席につくと、冷泉は言った。

「二階堂について、どう思っているんだ」

「どう思う、とは……？」

「今日のやり取りで何も感じなかったのか」

意見を求められていることがわかり、宇和島は率直に言った。

「知識があることはわかるのですが、メンバーとしては不安です」

「原因はなんだ」

宇和島は二階堂に関してずっと感じていた違和感を述べた。

「手を動かすことを嫌がるので、頼みづらいというのが正直なところです。あとは……意見を言わないというか……」

そこで宇和島は気づいた。

そうだ、二階堂は受け身なのだ。あいつは昔の自分とそっくりだ。だから「頼りない」と思ったのかもしれない。

冷泉は表情を変えずに言った。

「それで、宇和島は二階堂に対して何か指導を行ったのか」

宇和島は痛いところを突かれた、と思った。実際、二階堂には苦手意識があり、関わりを避けてきた部分がある。だが冷泉の目はごまかせない。宇和島は観念して言った。

「申し訳ありません、二階堂の指導には時間を使っていませんでした。彼からも相談がありませんでしたので……」

冷泉の表情は変わらなかった。

「二階堂からの相談がないと、宇和島は動けないのか？　部下から相談があって初めて動く上司は、どう考えても無能だとは思わないか？　部下の無能は、上司の責任だ」

宇和島は何も言えなかった。

冷泉は続ける。

「手を動かさない、自分から動かない、意見を言わない。だが、知識があり、いいところもある。宇和島ならなんとかできると思ったのだが、私の間違いだろうか」

冷泉の無茶振りには慣れているつもりだったが、この状態からさらに二階堂の面倒まで見るのは正直、厳しい。だが、冷泉の要求とあらば、やらねばならない。

「二階堂を戦力にしてくれ」冷泉はまっすぐに宇和島を見つめた。

「ところで宇和島はだいぶ変わったな」

そう言われ、宇和島は鉄雄を思い出した。おそらく宇和島は、鉄雄の変貌ぶりに当てられたのだ。

「友人の影響が大きいと思います」

「そうか」冷泉がかすかに口角を上げた。「二階堂にも、そのような出会いがあるといいな」

「はい、そのように思います」宇和島は心からそう言った。

会議室から退出しようとしたとき、宇和島は立花との話を思い出した。

「ところで冷泉さん。立花さんや他の部署の人たちと集まってこのあたりをジョギングしようと言っているのですが、冷泉さんも一緒にいかがでしょう」

冷泉が少しばかり嬉しそうな表情をした、と宇和島は思った。

「いつだ」

「今度の金曜日、終業後です」

冷泉は少し考えていたが、「参加しよう」と言った。宇和島はてっきり、冷泉が断ってくるものと思っていた。彼は部下との付き合いを好まず、飲みにも行かないことが普通だったからだ。ダメもとで誘ってみたが、珍しいこともあるものだ。

宇和島は会議室を出て、冷泉がジョギング参加OKだった旨を立花にメッセージした。

いい質問が、いい回答を引き出す

冷泉をジョギングに誘うことはできたが、肝心の二階堂の指導については、依然として有効だと思える策がない。ただ、先ほどの冷泉と同じように、ひとまず二階堂にもジョギングの案内を持ちかけることで、話はできそうだと宇和島は考えた。

確かに最近の二階堂に宇和島が困っていたことは事実だ。そして、二階堂が癪に障る最大の理由は、冷泉も指摘したとおり、積極性に欠けていることだった。**だが宇和島はこれまで、そういった態度を「二階堂の個人の意識の問題」としていた。そして、冷泉の指摘は、それをわかっていながら放置する、宇和島の責任を追及するものだった。**これまで二階堂と向き合ってこなかった宇和島の態度こそ、冷泉にとっては真の問題だったのだ。

結局、宇和島の「受け身」は真の意味ではまだ直っていない。シチュエーションが変われば、すぐに受け身が露呈してしまう。宇和島はみずからの甘さを痛感した。

ひとまず二階堂に話をせねばと思い、宇和島は二階堂がいつも好んで座っている、過去クライアントの資料のキャビネット近くの席に向かった。このあたりは人が少ないので、静かに仕事をしたい人には向いているが、上司の目は届きにくい。

二階堂は他者からの干渉を嫌うことが多いように見受けられる。

そこへ、ちょうど二階堂がハンカチで手をふきながら戻ってきた。宇和島に気づくと、あからさまに嫌そうな顔をしたが、すぐに表情を元に戻して会釈をした。表情を隠すのが下手な奴だ、と宇和島は思った。

「二階堂さん、少し話がある。時間をもらえるかな」

「なんですか」

宇和島は今しがたの表情を見て、二階堂へいきなり苦言を呈するのは気が進まなかったため、無難な質問をした。

「Twitterについて、ツイートにはオリジナリティが必要で、面白い人がフォローされるということだったけど、今一つ理解できていない。具体的に教えてほしい」

二階堂は言った。

「そのままですよ。フォローする理由は、その人の発言が聞きたいから。だから、その人にしかできない面白い発言をするようにする。特に深い意味はないです」

「面白い発言、という言葉の意味をもう少し具体的にしてくれないと、ピンとこないのだが」

「難しいですね、どのように答えたらいいのか……」

そのとき宇和島の心にひらめいたことがあった。「いい質問が、いい回答を引き出す」鉄雄が言っていた言葉だ。宇和島はなぜかそのとき、合点がいった。

自分の質問が悪いから、相手から大したアドバイスを引き出せないのではないか……。

曖昧な質問には、曖昧な回答が返ってくる。

具体的な質問には、具体的な回答が返ってくる。それは普遍的な、コミュニケーションの原理に思えた。宇和島は二階堂への質問を変えることにした。

「例えば、昨日投稿したこのツイート、二階堂さんから見たらオリジナリティがあるように見えるか？」

「ちょっと見せてください。……これはそれほどでもないですね。どっかで見たことある話です。こっちは結構いいです。コンサルタントにとっては当たり前ですが、世の中では知らない人は多いと思います」

宇和島と二階堂は、アナリティクスの数字を確認しながら、個別のツイートについてディスカッションを行った。確かに二階堂の判断は数字と照らし合わせても、ほぼ正しい。こうして具体的なツイートについて話を聞くと、二階堂が何をもってオリジナリティを判別しているかがわかってきた。宇和島は納得した。

単純に言うと、**「業界の中では当たり前だけど、外の人にはそれほど普通ではない話」は彼の中ではオリジナリティがあるとみなされるようだ。そういう「知る人ぞ知る」情報を持っている人物は、専門家としてフォロワーを集めるのだろう。**

そしてまた、宇和島は気づいた。今の二階堂とのコミュニケーションには、全く問題を感じない。いつもの嫌な感じもない。

一体なぜだろう、と宇和島は不思議に思った。

「二階堂さん、ありがとう。助かった」

「いえ、大したことじゃないです。話は終わりですか？」

宇和島は迷った。二階堂に苦言を呈するかどうか、しかし、冷泉は「部下から相談があるまで何もしない上司は無能」と言った。

だが冷泉のように「お前は受け身だからダメだ」とストレートに言ってよいものだろうか。

しかし人間関係を壊してしまう可能性もある。ストレートに言えるのは冷泉だからだ。まずは婉曲《えんきょく》な表現で様子を見よう、と宇和島は決断した。

「最近、小言ばかりですまないな」

二階堂はちらりとこちらを見たが、関心なさそうに「別に気にしてません」と答えた。

また、二階堂との間の「嫌な感じ」が戻ってしまった。宇和島は鉄雄に本音を言えたが、それはある程度、人間関係ができていたからだ。まだ二階堂とは信頼関係ができていない。おそらく今の状態でこちらから懸命にコミュニケーションをとろうとしても、ご機嫌取りか何かだと見透かされてしまうに違いない。

人に媚びても信頼を得ることはできない。

事実、冷泉は全く優しくないし、こちらに配慮もしないが、宇和島は冷泉の言うことは信用している。宇和島は「部下との信頼関係をどのようにつくるのか」について、自分には思索が足りていないと感じた。

「今度の金曜日の夕方から、みんなで走らないか？　他部署の人たちも来るようだし。あと冷泉さんも来るって」

立花の話では、すでに何人か参加したいという人がいるらしい。二階堂はこのようなイベントごとが好きだろうと宇和島は予想していた。おそらく断ることはないだろう。二階堂はスマートフォンでスケジュールをチェックしている。

「金曜日ですか……。たぶん行けます」

信頼できるのは「勝たせてくれる指揮官」だ

皇居の周りを走るだけの企画だったのだが、集合場所には結構人が集まった。最近ジョギングが流行っているというが、二十数人はいるだろうか。どうやら、立花が様々なプロジェクトの関係者に声をかけたらしい。立花にはコネクションも人望もあるのだろう。また、草壁も来ており、今の職場の人間を連れてきているようだ。うちの会社と草壁の会社の間で、複数の人間が交流すれば、つながりも深まるだろう。

しかし、それに引き換え、自分は二階堂ひとりの信頼すら得られていない、と宇和島は自嘲した。

「宇和島くん、こっちきて、人を紹介するから」

立花が呼んでいる。どうやら冷泉も一緒のようだ。見ると、冷泉は普段から走っているらしく、かなり本格的な恰好をしている。

「こちらが前、冷泉さんのプロジェクトで一緒だった、佐々木《ささき》さんと前橋《まえばし》さん」

立花が紹介してくれたのは、利発そうな女性と、ベテランの雰囲気を持った男性だった。そつない挨拶と、身のこなし。二人とも仕事はできそうだ。冷泉との昔話に花が咲いている。

立花が「あの二人、web関連でいい知見を持っているから、つながっといたほうがいいよ」と宇和島に耳打ちした。

なるほど、こういう場を積極的につくることは、ネットワークを広げることにつながる

のだな、と宇和島は妙に納得した。単なる飲み会や、ビジネスが目的の交流会よりも人となりが知れるし、趣味が合えば相談もしやすい。

向こうを見ると二階堂も来ていた。おそらく前のプロジェクトで一緒だったらしい人物と何か話し込んでいた。彼も冷泉と同じく、本格的な恰好をしている。彼も普段から走っていたとしたら、誘われて嬉しかったのかもしれない。

そこに草壁がやってきた。

「冷泉さん、ご無沙汰しております」

普段は無表情の冷泉が、草壁を見て珍しく顔をほころばせた。こうして辞めた人間が訪ねてきてくれるのは、冷泉にとっても嬉しいことなのだろうか。

「新しい仕事にはもう慣れたのか」

「もちろんです。最近やってるのは……」

草壁は今の様子を冷泉に語りだした。他の業界の様子が気になるのか、営業ネタを見つけたのか、冷泉は熱心に聞いている。

暫く経ち、全員が集合したところで、立花の合図で皆がスタートする。

ジョギングの初心者もいるということで、ゆっくりとしたペースだ。皆、自分を追い込むというより、走りながら集まった人々との交流を楽しんでいるように見える。コンサルタント同士は普段、プロジェクト外の人とあまり顔を合わせないため、このような機会は貴重なのだろうと宇和島は思った。

走り始めは若干体が重く感じたが、数分も経つうちに宇和島は感覚を取り戻してきた。夕闇に沈む皇居を眺めながら、桜田門から日比谷にかけてのコースを流すのは、なかなか気分がいい。宇和島が左手遠くに見える二重橋を眺めていると、冷泉が近づいてきた。

「こういうのも、なかなかいいいな」

「ですね」

「二階堂は大丈夫そうか」

「まだ何とも言えないです」

「そうか」

走りながらの会話なので、二人とも最低限の言葉しか交わさない。

宇和島は「二階堂とはなかなか話しづらいです」と付け加えた。

冷泉は無言で頷く。

気象庁が見えてきた。ここから先は徐々に上り坂になっていく。

丸の内のオフィスの明かりが煌々《こうこう》としている。

「当たり前だな」突然、冷泉が言った。

「何がですか」

「組織では、信頼関係抜きに本音を言うことほど怖いことはない」

「そう思います」

宇和島は賛同した。冷泉を信用している宇和島ですら、冷泉にすべてを言えるわけではない。プロジェクトに参加したばかりの二階堂であれば、なおさらだ。

竹橋を過ぎると、坂がきつくなってくる。宇和島は運動不足を痛感したが、冷泉は全く辛そうなそぶりを見せない。

これからは真面目に走ろう、と宇和島は思った。

「仕事における、信頼の礎はなんだと思う」

坂の途中、一番苦しいところで、冷泉が宇和島に尋ねた。

正直、足を動かすことで精いっぱいの宇和島にとって考えるどころではなかったが、冷泉の質問には答えねばならない。

「コ、コミュニケーション……でしょうか」宇和島は息を切らせながら言った。

冷泉の息は全く切れていない。

「違うな。コミュニケーションは大事だが、信頼の礎ではない」

宇和島の頭は酸素不足で朦朧《もうろう》としていた。

信頼……。確かに、なぜ自分は冷泉を信頼し、鉄雄を信頼し、立花を信頼しているのだろうか。確かに、明らかにコミュニケーションの頻度や中身ではない。

無言の宇和島に対して、冷泉は言った。

「**戦場で、兵士はどんな指揮官を信頼するか。単純だ。それは『勝たせてくれる指揮官』だ。**勝てない指揮官では、いくら人間的に優れていても、いくらコミュニケーションに長《た》けていても、信頼はされない。死ぬからな。**勝てなければ信頼などごまかしだ。二階堂と成果を出すんだ**」

何とか坂を上り切った。千鳥ヶ淵までの緩やかな下りが心地いい。すると冷泉はさらにスピードを上げ、先に行ってしまった。全く厳しい上司だ。

宇和島は先ほどの冷泉の言葉を反芻《はんすう》した。

冷泉の言葉が正しいとすれば、二階堂と宇和島が組むことによって、仕事に相乗効果が出ることが、信頼の条件となる。

だが、宇和島は今まで逆に考えていた。信頼感があるからこそ、生産的な関係が築けるのだと。

ただ、そうなると初対面の相手や、よく知らない相手と仕事をするのは不可能ということになる。しかし、それでは仕事の幅は広がらない。そう考えると確かに、冷泉の言うことのほうが正しそうだ。

まず成果があり、そのあとに信頼が築かれる。

千鳥ヶ淵の交差点を左に曲がると、ちょうどしんがりを務めていた立花と二階堂たちのグループが後ろからやってきた。

「冷泉さん、速いねえ」と立花が言う。

「ペースについていけませんでした」と宇和島は答えた。

「今、二階堂くんから、Twitterの話を色々と聞いてたんだけど、とても面白そうだね。

私もTwitterやってみようかな」

と立花が言うと、二階堂は「絶対やったほうがいいですよ」と答えた。

そこで、宇和島は自分のアカウントの現状を思い出し「結構大変な割には、なかなかうまくいかないんですよ……」と愚痴っぽく言った。二階堂はその言葉を聞くと、「宇和島さんのアカウント、絶対もっと伸びる要素があると思うんですよね」とぼやきながら、宇和島と立花に、Twitterについての知見をまくしたてる。彼は本当にTwitterが好きだし、それを仕事に活かしたいと思っているのだ。

そこで突然、冷泉との先ほどの「生産的な関係」についてのやり取りがフラッシュバックした。

宇和島は重要なことに気づいた。

宇和島が成果を出せないクライアントに苛立つように、二階堂も宇和島が成果を出せていないことに苛立っている可能性はないだろうか。

いや、苛立って当然だ。

だから、二階堂は仕事に対して「自分は役に立てていない」と、無力感を覚え、受け身

になる……。

よく考えれば二階堂こそ、自分の知見が活かされることを望んでいるのだから、真に宇和島が「Twitterで成果を出してほしいと願っている人物ではないか。それを自分は「二階堂のアドバイスが今一つなのでうまくいかない」で片付けていた。

二階堂との関係を生産的な関係にする努力をしていなかった宇和島は、深く反省した。

そして、「今まで本気でTwitterに取り組んでいなかった。本気でやりたいので、色々教えてくれ」と自然に口に出していた。二階堂は、今更何を言い出すんだこの人は、と言いたげな怪訝《けげん》な顔をしたが、「もちろん、やりましょう」と頷いた。

「正直なところ、宇和島さんのTwitterがうまくいかないので、自分が役に立てているのか、少し不安でした」と二階堂は、俯き加減に少しはにかんでみせた。

＊

ジョギングイベントは、成功といって差し支えなかった。

ほとんどの人が、次のイベントにも参加したいと言ってくれた。

運動不足を何とか解消したいと思っている人は社内にたくさんおり、そのニーズにうまく応えた形だった。

普段から走っている冷泉や二階堂も、多くの人と一緒に走ることは、気分転換にもなり、楽しんでいたようだった。

しかし、宇和島にとって最も大きな収穫だったのは、二階堂との信頼関係の足がかりが見つかったことだ。何のことはない、二階堂の「嫌な感じ」は宇和島の態度の反映だったのだ。


SNS運用に本気になった宇和島と二階堂の関係改善は早かった。

同時に、「何がフォロワーを集めやすい投稿なのか」についての知見が、宇和島に急速に蓄積されていった。キャリア関係であれば、転職や上司との関係、生産性に関する投稿は読まれやすいが、上司側から見たマネジメントの投稿は読まれにくい。これは管理職の絶対数が少ないことによるのだろう。

マーケティングと同じく、投稿を読む人をある程度広くとったほうがインプレッションが増える。そう考えた宇和島は、投稿の内容を「二〇代後半から三〇代前半の一般社員が喜びそうなネタ」に設定して投稿を行うようにした。

また、自分自身のプロフィールをそれに合わせて加工し、仕事に悩む若手の助けになるようなネタをつぶやく、というように専門性をアピールした。

すると、宇和島の予想を超える成果が表れ始めた。

今まで何も起きなかった、宇和島のアカウントだったが、そのあとの一週間でフォロワーが一五名も増えた。知人、友人のフォロワーが八〇名ほどしかいなかった宇和島のアカウントを、一五名もの見知らぬ他人がフォローしたことは、衝撃的な体験だった。これにより宇和島は自信を深め、投稿を積極的に行うようになった。

質の高い発信とは、結局のところ体験に基づく「レア」な情報、オリジナリティがある情報を発信することに尽きる。

つまり、Google※が検索上位に示す記事の判断基準と同様なのだ。

※Googleが検索上位に示す記事の判断基準…Googleなどの検索エンジンでは、「ユーザーにとって有益なページ」が検索上位に表示される傾向がある。この傾向をふまえてwebサイトや記事を調整することが「SEO対策」だ。

仕事仲間との理想的な関係

今朝も、冷泉との打ち合わせのため、宇和島は冷泉のブースへ向かった。

ジョギングから二週間ほどが経ったが、宇和島はTwitterのコツをつかみ、運用も苦にならなくなっていた。この状況であれば、二階堂とともにクライアントにいい提案ができるだろう。

会議室にはすでに、冷泉と二階堂が入っており、明日のクライアントとのミーティングで使う資料を眺めているようだ。

宇和島が入ると、すぐに打ち合わせが始まった。冷泉が明日の資料のレビューを求めているが、スマートフォンのバイブレーションがうなって気が散る。まあ、メールか何かの通知だろう。宇和島はバイブレーションモードを切ろうとスマートフォンに手を伸ばした。ところが何か様子が違う。先ほどからバイブレーションがうなりっぱなしだ。宇和島はメールではなく電話かと思ったが、着信している様子がない。

おかしいと思った宇和島はスマートフォンを手に取った。

何か変だ。通知が止まらない。

冷泉は「うるさいから着信を切れ」と宇和島に言ったが、これはいつもの様子ではない。

宇和島はスマートフォンのロックを解除し、ホーム画面を見た。Twitterの通知数がとんでもない数字になっている。二階堂が自分の携帯を見て、すぐに嬉しそうに言った。

「宇和島さん、バズってますよ」

二階堂の言うとおり、今朝の宇和島のツイートが、一人の有名人によってリツイートされ、大量のリツイートと「いいね」を集めていた。

ツイートの内容は、現場のいちマネジャーとしての体験、「部下との生産的な関係」についてだった。近頃部下との関係が改善されているとツイートをしたのだ。まあ、二階堂は自分がモデルだと気づいているかどうかはわからないが。すでに「いいね」だけで一万近くを集めている。さらに、宇和島のアカウントは一気にフォロワーを一〇〇近く増やしていた。

それにしても宇和島本人よりもむしろ、二階堂のほうが嬉しそうだ。こうして、メンバーの仕事の成功を自分事のように喜べることこそ、生産的な関係と呼べるのだろう。

お互いの長所を活かしあって仕事をするというのが、どういうことなのか、宇和島は今日初めて、実感したのだった。

Chapter4のポイント

- SNSで求められる情報は「役に立つ」か「面白そう」かのどちらか。求められる「アウトプット」ができていないことには、結果は出ない。

- 部下から何かを相談してくることはほとんどない。部下が思うような結果を出せないのは上司の責任。部下を「無能」と責める前に、上司から働きかけてみるべきだ。

- 曖昧な質問に対しては、曖昧な回答しか返ってこない。相手のアドバイスが大したことないように感じられたら、自分の質問は正しかったか振り返ってみること。

- 飲み会やビジネスを目的とした交流会よりも、趣味を軸とした場を作ってネットワークを広げてみる。趣味が起点なので、人となりが知れて相談しやすい関係性が築ける。

- 仕事における信頼の礎となるのは「成果を出す」こと。人間的に優れていても、コミュニケーションに長けていても、成果を出せない人間は信頼されない。

- お互いの長所を活かしあって仕事をすることが、最も成果につながりやすく、「生産的な関係」と呼べるものになる。

えっこれも
“アウトプット”
なんですか!?

アウトプット道 虎の巻外伝 3

書類を作ったり、企画を提案したりするのだけが
“アウトプット”ではありません。
意外だけど効果的な“アウトプットのTips”を紹介します。

「投稿」「作成」を趣味にしよう

興味深い情報を見つけたらコメント付きでSNS投稿したり、興味のある領域についての考えをまとめたブログ記事を作成したり、「アウトプット」を趣味にすると、いずれ仕事の成果にも結びついてきますよ。

草壁

部下からの相談に改善のヒントがある

後輩や部下から込み入った相談事をされたら、「何に困っているのか」「どんな不便があるのか」をヒアリングしてみよう。そこに改善点を見いだせれば、これまでのルールを変えるきっかけになるかも。

鉄雄

挨拶や声かけは上司・先輩から

仕事上の不備や不安点を、部下や後輩がみずから申告することはほとんどない。上司や先輩から声をかけ、プロジェクトの進行に遅滞はないか、トラブルは発生していないか確認するのもアウトプット志向だ。

冷泉

Chapter

5

クライアントの成功、自らの成功

自身のTwitter運用で一定の成果を出し、クライアントに対するプレゼンテーションも無事に成功。宇和島の「アウトプット志向」は、仕事でもプライベートでも実を結びはじめていた。そして、草壁の会社が主催する「勉強会」では、スタートアップ起業家の速水と知り合い、彼から思いがけないオファーを持ちかけられて……。

段取り八分、仕事二分

月末になり、クライアントとの定例ミーティングが開催された。

前回は紛糾したが、今回は冷泉と二階堂の協力でつくり上げた改善案に「具体的な運用策」と「目標値」を盛り込み、クライアントに打診した。

運用にあたっては、まずはサンプルを宇和島たちが作成し、その事例に従ってクライアント側が、課長である橋爪を中心に運用を行うよう求めた。肝心の先方の反応は、「今後六カ月でのリードの獲得見込み」を示すことで、ひとまず良好なものが得られた。

以前は宇和島に対して否定的だった常務取締役の牛丸が、「リードの獲得見込みを示せれば、他を説得可能だ」と言ってくれたことは大きかった。

また、クライアントへのＳＮＳ運用の提案は、当初の予想よりもはるかに抵抗なく受け入れられた。

その理由は二つあった。

一つは**同業他社のSNS利用に関するニュースを情報として提供したこと。**

宇和島はこの日のために、同業他社のSNSアカウントをすべて調べ上げ、どの程度のインプレッションを獲得しているか、どのターゲットを想定しているかを予想した資料を用意していた。その資料を見て、牛丸は「これを使わせてもらう」と言った。

日本企業はどんな数字を示すよりも、同業他社のニュースのほうが説得力を発揮するのだな、と宇和島はあきれたが、結果オーライだ。

そしてもう一つは、宇和島のアカウントがクライアントの何人かの目に留まったこと。

宇和島の投稿を見たことがあるという声がメンバーの中にあり、「ツイートのインプレッションを伸ばすと、ポジティブな影響がある」という宇和島らの提案に説得力が出たのだった。事例があり、**さらに実際にそれで成果を出している人の言葉ほど、説得力のあるものはない。**

宇和島と二階堂は、先方のリーダーである橋爪とともにSNSアカウントを運用することになった。橋爪はこれからの時代に備えて、ぜひSNS運用のノウハウを学びたいと、みずから立候補してくれた。彼はまた、宇和島のシェアするニュースをいつも楽しみにしている、とも言ってくれた。

こうして、紛糾した前回とは打って変わり、穏やかに定例ミーティングは終了した。

宇和島は再度の紛糾も覚悟していたが、「事前準備のたまものだ」と感じずにはいられなかった。

「段取り八分、仕事二分」というが、まさにそのとおりだ。

人を説得できるかどうかは、その場でのプレゼンテーションの巧拙《こうせつ》ではなく、事前準備の緻密さに大きく依存する。都合よくラッキーが発生する、テレビドラマとは異なるのだ。

本物の知識はアウトプットから得られる

先日のイベント以来、ジョギングの習慣を取り戻していた宇和島は、今日は早く帰り、家の周りを走ろうと決意し家路についた。最近は体の調子もよく、タイムの伸びに充実感を得ている。

何より、懸念していたクライアントへのプレゼンテーションが滞りなく終わり、ここ最近はプロジェクトの運営が安定したことで、宇和島は大きな解放感に浸っていた。ひとまず第二の大きな山は越えることができた。冷泉と二階堂には感謝しないといけない、と宇和島は思った。

地下鉄に乗り込むと、自然に宇和島はTwitterを眺めだした。最近は何かというとTwitterを開いてしまう。

仕事と趣味が一致していれば、ほとんど苦にならないというのは真実だと、宇和島は思った。

タイムラインを見ると、ツイートへいくつかのリプライがついている。

最近、**宇和島のTwitterアカウントには固定のファンが生まれ始めていた。**

何かを発信すると、それにコメントをいつもつけてくれるコンサルタント志望の女性がいた。フォロワーの一人である大学の准教授らしき人物は、ときおり宇和島の発言に「文献情報」を付加してくれた。クライアントのリーダーである橋爪も、宇和島の発言に積極的に反応してくれている。

実際、バズを起こして以来、ここ最近の宇和島のツイートのインプレッションは跳ね上がった。これは好ましい傾向だった。なぜなら、**宇和島のＳＮＳアカウントでクライアントに提案する前のいい実験ができたからだ。**

例えば同一のツイートをして、画像付きと画像なしではどちらの反応がいいか。画像付きのツイートのほうが反応がいいので、クライアントには必ず画像付きにするように推奨した。ニュースをツイートした場合、コメント付きがいいか、コメントなしがいいか、コメントを付けるのであればどのようなコメントがいいのかなど、宇和島は自分の手元で確かめてからクライアントに提案ができた。

また、次第に宇和島はフォロワーの数が急激に伸びるいくつかのきっかけを見つけることができた。

例えば、

・専門家としての発言をしたとき

・フォロワーの多いアカウントに言及し、リツイートをもらったとき

などは、フォロワー数が伸びる可能性が高かった。

宇和島のアカウントはその後の運用でフォロワー数を五〇〇程度まで増やすことができていたが、フォロワー数の増加ペースは加速しており、一〇〇〇を超えるのも時間の問題だろうと、宇和島は思った。

スマートフォンを閉じて、ポケットにしまおうとすると、草壁からダイレクトメッセージがあった。

〝再来週の木曜日の夜に、うちの会社でSNSの勉強会を開催するんですけど、来ますか？　この前「勉強会に出てみたい」ってツイートしてたのを見かけたので。〟

クライアントとの勉強会を画策していた宇和島にとっては渡りに船だ。

「自分が希望することは、積極的に声をあげて発信してみること」と誰かが言っていたが、今になってようやく実感が持てた。

宇和島が草壁の誘いに応えると、すぐに草壁から返信がきた。

〝よかったです、それじゃ課題があります。再来週までに一〇％以上のエンゲージメント率※を出すツイートを、一〇個以上作ってきてください。当日にやったことを発表してもらいます。〟


宇和島は「課題があるなんて聞いてねーよ!!」と草壁に言いたくなったが、考えてみれば勉強会に漫然と出席しても、何一つ得るものはないかもしれない。

冷泉によると「人から教えてもらったことは、たいして身につかない。やったことだけ身につく」そうだ。

必要なのは勉強ではない。「アウトプット」だ。ノウハウを聞いて、わかったつもりになるだけではダメだ。

自分で手を動かし、アウトプットをつくり、そこから得られる知見こそが本物の知識だ。そう考えると勉強会という名前はあまりいい名前ではないかもしれない。極端な話、**ビジネスパーソンは課題のない勉強会にはあまり出る意味がないかもしれない**、と宇和島は思った。

改めてTwitterのアナリティクスを見ると、宇和島のツイートの中で、一〇％を超えるエンゲージメント率のあるツイートは、五ツイートに一つ程度の割合だ。つまり、五〇ツイートもすれば、おそらく課題はクリアできるだろう。幸い、宇和島にはツイートしようとためておいた、ネタのストックがそこそこある。

大事なのは、課題をクリアすることよりも**一〇%を超えるエンゲージメント率の記事は、「何が違うのか」をきちんと把握すること**だろう。でなければ、発表のネタにはならない。今週はこれに集中して取り組んでみよう、と宇和島は思った。

優秀な同期が転職する理由

今日は、宇和島は朝からオフィスに詰めていた。次回の月末の定例に向けたレポートの数字を検証するためだ。

サイトのアクセスデータやSNSのアナリティクスを眺めていると、クライアントのメディアの各種数値がここ一カ月弱で大きく改善したことがわかる。

※エンゲージメント率…SNS投稿に反応したユーザーの割合。Twitterでは、エンゲージメントをインプレッションで割って100を掛けた数字を指す。

特にＳＮＳは運用を始めて間もないが、先方のリーダーである橋爪の頑張りもあり、検索エンジン外からのメディアへの流入が目立って増えていた。喜ばしい兆候だ、と宇和島は思った。メディアへの流入は、検索エンジンが主体ではなく、直接流入や、ＳＮＳなどの経路を中心にしたいと宇和島たちは考えていたからだ。

検索エンジンからの流入ユーザーは、調べものが終わればさっさとブラウザを閉じてしまうが、ＳＮＳからのユーザーはサイトを回遊して読み、さらにメルマガの登録率やアカウントのフォロー率も高い。

要するに「一見さん」ばかりの検索流入に対して、ＳＮＳからの流入は「ファン予備軍」なのでサイトへの再訪問率も高い。

ファンになってもらえれば、様々なイベントやセミナーへの招待を送ることもできるし、「見込み客」としての営業活動も可能になる。短期的に検索流入を増加させることも大事だが、長期施策としてＳＮＳからの流入を育てることも大事だということは、アクセスのデータを見るとはっきりと認識できた。

これはぜひ、クライアントへ報告すべき事項だと宇和島は思った。

また、宇和島の個人アカウントとは異なり、企業アカウントは「セミナー」や「商材のうまい使い方」などに関するツイートへのエンゲージメント率が高く出る傾向にある。フォロワーの人々は決して「営業が嫌い」というわけではないのだ。

ただ、逆に「ユーザーの声」などはそれほど反応がよくない。なんとなく胡散臭さを感じたからなのだろうか、それとも他の理由からなのだろうか、検証が必要だ……。

宇和島がブツブツ言いながら、レポートに記載するべき事項を列挙していると、不意に背後から声をかけられた。

「宇和島くん」

驚いて振り向くと、立花がいた。

「立花さんですか、びっくりさせないでくださいよ」

「ごめん、ごめん。作業中だったよね」

フリーアドレスなので、立花が宇和島の席まで来ることは珍しい。また、込み入った話でない限りは、メッセンジャーで事は足りる。宇和島が訝しげな表情をしていると、立花がそれを察したように言った。

「実は、会社を辞めることにしたから、宇和島くんにも直接言っておこうと思って」

宇和島は戸惑いのあまり、ろくな受け答えもできず、かろうじて出たのは「いつなんですか」という言葉だけだった。

「今のプロジェクトが終わり次第。だから三カ月後くらいかな」

コンサルティング会社はよく人が入れ替わる。平均での在籍期間は数年だから、立花の場合も特に早すぎるわけではない。

しかし、宇和島にとって立花の退職は痛手だった。最近は職場において立花の存在は宇和島にとって大きな支えとなっていたからだ。もちろん、特にプロジェクト上で頻繁な交流があるわけではない。だが、社内に「気兼ねなく相談できる相手がいる」というだけで、心持ちは大きく変わる。

「聞いていいのかわからないですけど、なぜ転職するんですか？　マネジャーになったばかりじゃないですか」

かすれ声で、宇和島は尋ねた。

「そうだねー。一言でいうと、ドキドキしなくなったからかな。私、今までの職場にも三年から五年くらいで転職してきたけど、全部同じ理由。仕事がうまく回り始めると、つまらなくなっちゃうんだよね。コンサルタントの仕事も大体わかったし、別のことをしようと思って。仕事って、そういうもんでしょ?」

「つまり、仕事がうまく回るようになったから、辞めるってことですか?」

「まあ、そう言ってもいいかな」

宇和島は可笑しくなった。

「普通は、仕事がうまく回らないから転職して、うまくいくようになったら会社に定着するんじゃないですか」

しかし、立花は大真面目に言った。

「違うよ、宇和島くん。**仕事がうまく回らないときに転職しても、大体同じことが起きるんだよ。うまくいかないときこそ、自分のやっていることをよく見ないとダメ。逆に、うまくいくようになったら、『ラクができている』ってことだから、あえて自分でそれを崩さないと、自分がダメになっちゃうよ**」

いかにも立花らしい理由だ。「マネジャー」の地位にも給与にも一切こだわりがないところを見ると、立花はコンサルティング会社の社員で収まるような器ではないのかもしれない。

「次は決まってるんですか」

「うん、前の会社の同僚が会社を立ち上げたから、そこに行こうかと思ってる。またゼロからやれるのはすっごい楽しみ！　あ、もちろんジョギングの会は続けようよ。今度は前の職場の人とか、次に行く会社の人も呼んでやろうね。そしたら知り合いも増えるしさ。さっき冷泉さんに挨拶してきたら、楽しみにしてる、って」

立花はどうやら、またゼロからの出発を志しているようだ。安定を好まず、常に新しいことを求めてやまない人間が世の中には一定数いる。立花はそういう種類の人間であり、彼女のような人物が、組織を渡り歩きながら、世の中の人と人とを結んでいるのだろう。

「今までありがとうございました」

宇和島は立花に深く頭を下げた。

「なんか、お別れみたいだけど、プロジェクトが変わった、っていうのとあまり変わらないよ。じゃ、またね」

意味のある勉強会と意味のない勉強会

汐留の巨大なビルの高層階に、草壁の所属する会社のオフィスはあった。最近のスタートアップ企業のオフィスは非常に贅沢なつくりだ。緑を基調とする、木目を多用したオフィスの外観は、機能的でいて遊び心がある。

創業者が登山を趣味としていることから、世界各国の名峰の名前を冠した会議室があちこちに配置されており、巨大なホワイトボードが壁の四方に設置されている。その中でひときわ大きな会議室、むしろセミナールームと呼んでもいいかもしれないその部屋には、本日の勉強会の準備がなされていた。私服の人々が多く、スーツを着込んでいる宇和島はむしろ少数派である。

様々な職種の人々が集まっているようで、受付では名簿に照らし合わせて氏名と所属名をチェックしている。宇和島はフロアの受付でＩＤカードを受け取り、会場へ向かった。

会場に入ると、宇和島を見かけた草壁がこちらへ寄ってきた。

「お疲れっすー」

「ご招待ありがとう」

「さっそくなんですけど、宇和島さんにご紹介したい人がいて。ちょっと時間いいですか？」

草壁に案内されるままに紹介された人々の顔ぶれは実に多彩だった。投資ファンド、クラウドサービス運営、大手メーカー、人材紹介会社、大学関係者、同業者もちらほらいるようだ。皆、ＳＮＳのマーケティングや、スタートアップ企業のＳＮＳ運用に興味を持つ人々だという。集まりの趣旨にふさわしく、かなりの割合の人が名刺ではなくFacebookの友達申請、もしくはTwitterの相互フォローを持ちかけてきた。宇和島はそのすべてに快く応じたが、名刺を使わなくなっている人々の存在に、時代の流れを感じずにはいられなかった。

中でも宇和島と気が合ったのは、企業向けのマーケット分析ツールを開発し、広く提供する、一人のスタートアップ起業家だった。すでに利用企業数は三〇〇社を超え、会社は急成長を遂げていると、その起業家は語った。

宇和島が自己紹介をすると、彼は現在クライアント向けに行っている、企業アカウントのSNS運用に強く興味をひかれたようだった。

雑談の中で**今日のために用意したTwitterの運用ノウハウを、クライアントの機密に抵触しない範囲で惜しみなく提供したところ、彼は大変喜んでくれ、「後日、個別に会いたい」とアポイントを打診された。**

勉強会の準備がこんなことになるとは。宇和島は喜んでそれを承諾した。

定刻どおり勉強会が始まり、司会は「ワールド・カフェ」[※]という方式を参加者に案内した。

グループ・ディスカッションの一形式だが、グループのメンバーが次々に入れ替わるので、様々な人の話が聞ける。

それぞれが課題を持ち寄り、具体的に何を考えながらツイートをしたのかを発表するため、宇和島が喉から手が出るほど欲しかった「生きた知識」が存分に提供される、素晴らしい勉強会になった。参加者の数が多ければ、このやり方はクライアントにも応用できそうだ。社外の人を招いてもいいだろう。

※ワールド・カフェ…4～5人が1つのテーブルについて対話をし、一定時間が経ったらメンバーを入れ替え、また対話をする……という流れを繰り返す会議の方式。カフェのようなリラックスした雰囲気のもとで行われる。

何といっても、自分で工夫して生み出したノウハウほど、説明することが楽しく、聞く側にも役に立つものはないのだ。

これに比べれば、宇和島が新卒で入った会社の研修は、本当に退屈だった。大部分は座学で、会社のルールやマナーの話ばかり。外部の研修講師が、一般論だけを述べて帰っていく。あれは本当に無駄だったなと宇和島は思い返していた。

ただ、宇和島は気づいた。

世の中の人々が想像する「勉強会」とは今日のような実のあるイベントではなく、宇和島が受けた退屈な研修のような行事なのではないだろうか。

「実のある勉強会のイメージ」の予備知識がないまま、勉強会をやりましょうと提案したところで、研修の退屈な思い出がよみがえるだけであれば「何の意味があるんですか」と言われるに違いない。

おそらく「勉強会」という言い方を採用するのは得策ではないだろう、と宇和島は思った。言い方一つで、クライアントの心証を損ねるのは得策ではない。

たかが「言い方」だが、されど「言い方」だ。

さらに、従来の勉強会とはやり方も目的も違うことを正確に伝えなければならない。**誤解を招きがちな大きな提案をするよりも、プロジェクトの一部の有志だけで行い、そこからクライアント同士の人脈を通じて、少しずつ規模を拡大するほうがよさそうだ。**

企業がSNSでやるべきアウトプット

宇和島は一九時からのアポイントのために、渋谷に向かった。虎ノ門駅から銀座線に乗り込む。かつてこの時間の銀座線はすさまじく混雑していたが、最近はリモートワークが推進され、夕方の混雑も若干緩和されているように宇和島は感じた。

訪れる先の相手は草壁の勉強会で知り合った、起業家の速水《はやみ》幸雄《ゆきお》だ。

速水はエネルギッシュ、かつオープンマインドの持ち主だった。冷泉とは全く異なった魅力を持つ人物であり、信頼感というより求心力がある人物だという印象を宇和島は持っていた。

「自分が先にアウトプットする」という方針のもと、抜かりなく事前準備をすべく、宇和島は速水の会社のSNSアカウントやプロダクトを詳しく調べた。

すると、速水は思いのほか有名人であった。

いくつかのメディアで特集記事などが組まれ、プロダクトについての評価もおおむね好評のようだ。彼らのプロダクトは、草壁の会社でも利用されているとのこと。

勉強会当日はよくわからない中小企業の経営者が興味を持ってくれた、という程度でしか認識していなかったため宇和島は戸惑ったが、やるべきことは変わらない。

渋谷のクロスタワーにオフィスを構える速水の会社へは、渋谷の駅から少し坂を上らなければならない。ジョギングを再開できて体力がついてきたこともあり、宇和島の足取りは軽く、坂を上ることも心地よかった。

時間どおりオフィスに到着すると、速水がオフィスのエントランスで出迎えてくれた。

経営者がわざわざ自分を出迎えてくれることに宇和島は感激したが、一方では速水の期待の大きさも感じる。

「宇和島さん、わざわざ弊社までお越しくださいまして、本当にありがとうございます」

「とんでもないです、こちらこそ、夜のお時間を指定してしまい、申し訳ございません」

「いえいえ、コンサルタントの方は昼はお忙しいと思いますし、私も夜のほうがありがたいです」

速水は会議室へ宇和島を案内しながら、秘書らしき女性に飲み物を依頼した。

「あれから、宇和島さんのTwitterをフォローさせていただきました。いつも楽しみにしています」

宇和島はとっさに礼を述べた。

「ありがとうございます」

会議室は四人程度のスペースのこぢんまりしたものであったが、窓から渋谷の街が一望できた。つくりのよいメッシュタイプの椅子に掛けるように勧められ、宇和島は着席した。

「改めまして、今日はよろしくお願いします。本題から言いますと宇和島さんにお話を伺いたいのが、弊社のSNSアカウントの運用についてです。弊社ではTwitterとFacebookそれぞれで二つほどのアカウントを運用しています。しかし、すでにご覧になったかもしれませんが、今一つフォロワー数が伸びません。どこに課題がありそうか、お聞かせいただけないかと思いまして」

準備の甲斐があり、宇和島にとってはこの質問は想定の範囲内だった。実際、彼らのアカウントは、フォロワーが少なく、エンゲージメントも発生していなかった。

「SNSアカウントの目的はどのようなものですか？」と宇和島は聞いた。

「最終的には弊社のプロダクトのプロモーションに使いたいのです。現在はインターネット広告と、既存のお客様からの紹介に、商談の大部分を依存していますが、ビジネスの規模を大きくしていきたいと考えたときに、それだけでは限界もありますし、費用対効果も徐々に下がってしまう。今後、自社のサイトやSNSアカウントからの商談を増やしたいと思っています」

宇和島はなるほど、と思った。まさに現在のクライアントのメディアでやっていることと同様の試みだ。自分の話が刺さったのも頷ける。

「わかりました。私が今、仕事でやっていることと全く同様ですね」

「はい、先日それを聞いたもので、お声がけしました」

宇和島はみずからが調査した資料を速水に見せた。

「実は、事前に御社のSNSアカウントを調査してきました。アナリティクスを拝見していないので、推定ではありますが、課題は三点に集約できると思っています」

速水の目がきらりと輝く。

宇和島は率直に述べた。

「一つはツイートの話題について。自社の話ばかりしていても、フォロワーは集まりません。**ターゲット層が興味を持ちそうな話題を広範囲にこちらから提供することが重要です。そうすれば貴重な情報ソースとして、フォローされます**」

「なるほど、私が宇和島さんのアカウントをフォローしたように、ですか」

速水は飲み込みが早い。

宇和島は答えた。

「そのとおりです。第二に、『企業アカウント』でありつつ、『個人アカウント』のように運用しなければならないことです。失礼ながら現在のアカウントは、発言が固すぎます。親しみを感じない」

「確かに、公式アカウントは私もあまりフォローしていません。個人のアカウントのほうが面白いんですよね」

「風評を恐れて、保守的なことしかしていない企業アカウントがほとんどですが、実際はもう少し突っ込んだ、賛否両論があるツイートでないと、拡散しません」

「なるほど……！」

速水はこれにも納得したようだった。宇和島は速水の反応を待ってから、続けた。

「第三に、ツイートの数が圧倒的に少ないです。一日に一から二ツイートしかない。最低でも質の高いツイートが、五ツイートは必要です。**メディアにたとえれば当たり前の話ですが、『更新のないサイト』を見に来る人はいない**からです」

「やはり少ないですか」

「少ないですね。私自身もツイートを増やしたら、フォロワーが増えました。単に増やせばいいというわけではないですが」

速水は苦笑いした。

「営業には『行動量を増やせ』と言っておきながら、ｗｅｂでは全くできていないですね、と言われた気分ですよ」

宇和島は笑って付け加えた。

「もちろん、これらは仮説です。実際には担当者が日々の試行錯誤で、課題を洗い出し、コツコツ運用をする必要があります。今はどなたが運用しているのですか？」

「二、三名が兼任と、持ち回りでやっています。ただ、今の話を聞くと、彼らには厳しそうですね……」

「欲を言えば、広報担当のように、ＳＮＳアカウントを運用する担当を一人置いてもいいくらいです」

速水とのディスカッションは、二時間以上に及び、スタートアップ企業のプロモーションについても、逆に数多くのことを宇和島は教えてもらうことができた。大変貴重な情報ばかりだ。これは逆にありがたい、と宇和島は思った。速水は話が終わると、宇和島に言った。

「宇和島さん、今日の話は大変役に立ちました。どうでしょう、今後もアドバイスを継続していただくわけにはいかないでしょうか？」

「コンサルティングの契約をご要望、ということでしょうか？　上司に聞いてみますが……」

思いがけずコンサルティングの営業案件になった、と考えていいのだろうか。

冷泉と来るべきだったか、と宇和島は思った。すると、速水は意外なことを述べた。

「いえ、違います。会社ではなく、宇和島さん個人に仕事を頼みたいのです」

宇和島はようやく話が飲み込めた。

「つまり、個人契約、ということでしょうか？」

速水は頷いたが、宇和島は戸惑っていた。要するにこれは「副業」にあたる。規定で禁止されている可能性もあるし、勝手に受けてしまって会社とトラブルになるのは避けたい。

「ありがたいお話なのですが……、私にはそのような経験がなく、会社の許可をもらう必要があるかもしれません。即答できないのですが、少しお時間をいただいてよろしいでしょうか」

宇和島は正直に述べた。

「もちろん、構いません。会社がだめだというならば、こちらとしても無理を申し上げるつもりはないので、仕方がないと諦めます」

どうやら速水は本気のようだ。

「私は、社外でも広く優秀な方を求めています。宇和島さんにもぜひ、弊社にご協力をお願いしたい」

速水は宇和島に頭を下げた。何かの映画で聞いた、「頭は、立場が上の人間が下げてこそ価値がある」という台詞《せりふ》。

宇和島はそれを身をもって実感した。

成果をあげれば人間関係はついてくる

翌日、宇和島がクライアントとの定例に向けて、レポーティングを行っていると、先方の課長の橋爪から、Twitterのダイレクトメッセージが入った。最近ではクライアントとのやり取りも、メールではなく各種のメッセンジャーが中心になっている。

メールよりも簡潔にやり取りができ、話題ごとにスレッドをつくれる仕組みは、使い勝手がいい。クライアントが許せば、今後もメッセンジャーの利用をしたいと、宇和島は思っている。

ダイレクトメッセージを開くと、

「メディアから受注しました！」

という連絡が目に飛び込んできた。

宇和島は思わず、机の下でこぶしを握り締め、興奮に浸った。

思惑どおり、成果が生まれた。しかも、思ったよりも早かった。

実は、取り組みの最初の段階では　問い合わせに至るケースはほとんどなかった。

だが、そこで宇和島はくじけなかった。「早く失敗しろ」との鉄雄のアドバイスにしたがって、数字を見ながら、サイトの導線やキャッチフレーズ、ダウンロード可能な資料の内容などを積極的に変更していった。

メディアに問い合わせ導線を設置し、メルマガ登録や資料請求へ流すやり方は、思惑どおりの結果を出しているといってもよかった。

それが今、結実した。

特に派手なことをしたわけではない、地道な改善の結果だ。これこそ「仕事」と呼ぶにふさわしい、と宇和島は思った。


数分後。

冷泉から「時間があれば、会議室に来てくれ」と連絡があった。

いつだって、上司の呼び出しは嫌なものだ。

フロアの奥にある、冷泉のブース近くの会議室に向かう。確認すると、すでに冷泉が入っているのが見えた。仕方ない、と宇和島は覚悟を決めた。

「お疲れさまです」

冷泉が振り向いた。

「先ほど、牛丸さんから私に連絡があり、メディアの成果に喜んでいた。よくやった」

冷泉からの思わぬ褒め言葉に、宇和島は喜び、というより驚きを感じていた。

「ありがとうございます」

「それで、宇和島に牛丸さんから伝言だ。感謝している、と」

よかった、と宇和島は思った。正直なところ、成果が出てきてからというもの、牛丸との確執はもはやどうでもよいものになっていた。

自分のやっていることに自信が持てていたし、ベストを尽くしている感覚が得られていたからだ。これでだめなら、潔く詫びて、プロジェクトから追い出されてもいい、そう思っていた。

だが、改めて言われると感慨深いものがある。

「よかったです。ホッとしました」

冷泉は言った。

「この世界では、成果をあげれば、人間関係は後からついてくるということだ」

冷泉は少し間をおいて、さらに言った。

「で、本題だが、宇和島。今度のマネジャー昇進試験を受けてみるか。私が推薦しておく」

宇和島は驚いた。まさかこのタイミングで、そのような話が聞けるとは思わなかったからだ。

ただ、それには理由があった。

現在のプロジェクトの成功が、クライアントの経営陣の興味を大いに引いたのだ。従来のマスメディアへの広告投下だけではなく、来《きた》るべき時代に備え、ｗｅｂマーケティングを強化したいという会社の方針とも一致するとのことだった。

そのため、同社の他事業部でも、YouTubeチャンネルを含めたメディアの立ち上げを行いたい、との打診があり、冷泉と宇和島は各所で引っ張りだこになりそうな気配だ。

冷泉が全体を主導するが、現場は宇和島がそれらのプロジェクトも統括することになる。

それに伴い、今までのプロジェクトは二階堂が担当することを、冷泉はもくろんでいるようだ。そのためには、宇和島がマネジャーとなる必要がある。

冷泉が「昇進試験を受けろ」と言ったのは、そのような背景からだった。


しかし……。

宇和島はあれほど羨んでいた「マネジャー」の地位に、ほとんど執着を失っている自分に気づいた。

だが、冷泉からの推薦だ。マネジャーか、それもいいかもしれない。そして、宇和島は昨日の速水からの打診を思い出した。

「冷泉さん、少しお時間をいただいてよろしいでしょうか」

「かまわない。何だ」

宇和島は速水から、個人的に協力してほしい、と言われたことを冷泉に打ち明けた。

「いわゆる、副業という形になりそうなので、問題がないかどうか、冷泉さんにお話ししておこうと思いまして」

宇和島は冷泉の顔色を窺うが、表情から冷泉が何を考えているのかは全くわからない。

　すると、冷泉は口を開いた。

「うちには特に副業禁止の規定はない。ただし、当たり前だが機密保持には気をつけろ。あと、クライアントの競合企業、同業界からの仕事はご法度だ」

　宇和島は、速水の会社名を伝えた。

「その会社なら、私も知っている。だが、あらかじめ言っておくと、宇和島がアサインされるプロジェクトによっては、契約を中断してもらわねばならない可能性もある」

「ありがとうございます。承知しました。あと一点、よろしいでしょうか」

「なんだ」

　宇和島は、草壁の会社のＳＮＳの勉強会に出席したことを話した。

「実践を中心とした形式であれば、クライアントが主体となって、勉強会を推進できると思います」

　冷泉は頷いた。

「あとはテーマの設定だな。それは牛丸さんとの会合で少しディスカッションしよう」

「わかりました」

アウトプットが自分の人生を変えた

宇和島は八重洲にある外資系ホテルのロビーで、鉄雄に会っていた。

昇進試験に無事合格し、冷泉のもとでいくつかのプロジェクトを束ねるマネジャーとなっていたが、そんなとき、鉄雄から連絡があったのだった。

宇和島は鉄雄にぜひ礼を言いたい、とかねてから思っていたため、一も二もなくそれに応じた。コーヒーを飲みながら、近況を一通り話すと、鉄雄は言った。

「マネジャー昇進おめでとう」

「ありがとう。鉄雄のおかげだ。『アウトプットを中心に』というアドバイスはとても役に立った。別の世界が、確かにあったよ」と宇和島は答えた。

「それは何より。でもアドバイスを実践したのは、ノボルが本気だったからだよ」

「いや、本気だったというより、周りの人たちも同じことをしていたからかな。自分はそれに気づいて真似しただけだった」

それは特に謙遜ではなく、事実だったと宇和島は考えていた。

冷泉をはじめとして、立花も草壁も、いわゆる「有能」な人々は、アウトプット志向を、共通の素養として持っている。

だから、気づいてしまえばそれを真似るだけでよい。簡単なことだ、と宇和島は思った。


「ところで、鉄雄」

宇和島は今日こそ、ずっと抱いていた、ちょっとした違和感について、尋ねたかった。

「なんで、あのとき、立花さんを通じて、オレに連絡を取ろうと思ったのか、もう一度聞きたい。コンサル会社のキャリアに興味がある、というのは方便だろう?」

立花は会社をすでに辞め、知人の立ち上げたスタートアップで新しいチャレンジをしている。「うまくいくかどうか全く見えない」のが、楽しいのだそうだ。

鉄雄は笑みを浮かべ、コーヒーを飲んだ。

「本当も何も、前に言ったよ。なんでノボルに連絡を取ったか」

宇和島には全く心当たりがなかった。記憶を手繰《たぐ》るが、覚えがない。鉄雄は宇和島に

「アウトプットを中心に」とアドバイスし、そのあと「早く成果を出せ」と言った。

「まさか、アドバイスを与えるために会った、というわけじゃないだろう？」と宇和島は鉄雄に尋ねた。

「もちろん違う。というか、ノボルは本当に気づかなかった？」

二回目に鉄雄に会ったとき、鉄雄は何か言っていただろうか……？

そういえば。

思い出した。

鉄雄は「転職したいなら、いいところを紹介するよ」と言っていたのだった。

「まさか、転職を勧めに来たとか？」

鉄雄は少し顔をしかめて言った。

「それは人聞きが悪いな。まあでも、僕の仕事はキャリア相談と人材紹介なのは事実だ。そしてノボルの会社に所属するコンサルタントを欲しがる会社はいくらでもある」

確かにそうだ。鉄雄の所属する会社は、大手の人材紹介会社だった。

「僕らはFacebookをよく見ているから、ノボルがコンサルタントをやっているのは知っていた。そこで立花さんに声をかけて、ノボルを紹介してもらった。まあ、ノボルとは関係なく、立花さんには声をかけていたと思う。コンサルティング会社の人たちはキャリア相談に興味がある人が多いからね。結局、立花さんは今回、ご自身の人脈で転職したけど、僕から転職先を紹介もしたし、今も情報は提供し続けている」

宇和島はようやく、合点がいった。

なぜ鉄雄が自分にアプローチしてきたのか。しかし、わからないこともある。

「でもなぜ、一度も転職を勧めなかった？」と宇和島は聞いた。

おそらく、鉄雄がときおり、何か聞きたげな表情をしていたのは、エージェントとして

の話を切り出そうかどうか迷っていたのだろう。

鉄雄はまた微笑した。

「逆に聞くけど、久々に会ったときに、僕が転職をいきなり勧めたら、胡散臭いと思わないかい？　ノボルの状況も知らないのに」

「二度と会わなかっただろうな」

「だろ。転職の話は難しいんだよ。特にノボルとは学生時代以来だったし。それに僕の仕事は転職を勧めることではない。キャリアコンサルティングにおいては、転職は出口の一つに過ぎないからね。だから、僕が転職の話をしなかった理由は二つ。信頼関係ができる

まではそういう話はしないと決めているから、そして、**安易に転職をしないほうが、ノボルの市場価値がもっと上がると見たから。実際、前の状態のノボルが転職しても、いいとこ現状維持だったよ。転職は解決策にならないからね**」

「なるほど。すっかり、してやられた感じだよ」

そう宇和島は言ったが、悪い気持ちはしなかった。実際、鉄雄のアドバイスは的確だったからだ。学生時代の鉄雄からは想像できなかったが、こんな駆け引きを彼ができるようになっていることが、時の流れを感じさせた。

「最初、自身のことを率直に話してもらえたので、信頼されているのかな、と思った。けれど、昔の関係に甘えないほうがいいかな、とも思った。それに、ノボルが今のコンサル会社で成功すれば、より僕を信頼してもらえるし、ノボルの価値も上がる」

宇和島は思った。

これはちょうど、宇和島たちとクライアントの関係と同じなのだ。

相手に信頼してもらいたかったら、相手に成果をあげてもらうこと。

それ以外に道はないのだ。言葉でとりつくろったり、媚びたりすることで信頼は生まれない。

　これから新しいチャレンジを望む場面がきっと来るに違いない。そのときはまず、鉄雄に相談することになるんだろうな、と宇和島は思った。

Chapter5のポイント

- クライアントに対して強い説得力を持つのは、「同業他社の成功事例」と「実際に成果を出している人間の言葉」。説得前の準備の精度がプレゼンの結果に直結する。「段取り八分、仕事二分」を心がけよ。

- クライアントへの提案の説得力を高めるためには、まずみずから実践してみる。

- 変化のない環境に安住しているとアウトプットは減っていく。あえて、「楽な環境」を崩して、成長が見込める環境に飛び込んでいくことも「アウトプット」。

- たかが「言い方」、されど「言い方」。自分の意図や目的が正しく伝わる「言い方」ができているか、誤解を招く提案になっていないか自問しよう。

- アクションを起こすときは、まず「自分が先にアウトプットする」ことを心がける。相手の興味に応じたアウトプットができれば人脈は広がっていく。

- ビジネスの世界では、成果をあげれば人間関係は後からついてくる。まずは「アウトプットせよ」。

おわりに

アウトプットを中心に据えるだけで、人生が変わる。

オーバーな表現に見えたかもしれませんが、本書の内容を振り返っていただくと、それほどオーバーではないと思えるのではないでしょうか。

本書で紹介している数々のエピソードの本質は、結局一つに集約されます。すなわち「アウトプット」というのは、人の目に見えるから力がある、という事実です。他者の目に見えると、何がよいのか。人の目に見えることで、「関係の強化」がなされ、「信頼」され、「協力」を仰ぐことが可能になるのです。

狭義でのアウトプット、情報発信などは、そのいち手段に過ぎません。

本書の主人公は、それを理解し、少しずつ周囲の人々の協力を取り付けていきますが、それは彼が「何を考え、何をしているか、周囲に見せたから」に他なりません。

究極的に、どんな成果も成功も「一人」ではなし得ない。

例えばどんなに優れた芸術家も、その作品を販売し、展示する、そして何より作品を見て評価を下す人々抜きには何もできないのです。

優れたスポーツ選手であっても、コーチ、監督、私生活を支える知人友人パートナー、そして、試合に来てくれるファンの方々があってこそです。

彼らが引退するときの「ファンの皆さんのおかげです」という定番の言葉、あれは、体《てい》のいい形式的な発言ではなく、彼らの本音であると同時に、真実でもあります。

もちろん、組織での仕事はそれ以上に「人々の協力を取り付けること」が重要です。

上司の協力、部下の協力、クライアントの協力など、それらは、自分自身がやっていることを「アウトプット」し、見せることで力を借り、評価を受けることで改善の機会を得る。それが組織での仕事そのものです。

そういう意味で、「成果をあげる」という言葉には、何やら大きなことに取り組まなければならないイメージがあるかもしれませんが、実は、小さなことから始めるべきだ、と私は確信しています。

約二〇年前。

私が新卒で入社したコンサルティング会社は、まさに「アウトプット至上主義」の会社でした。

アウトプットすべき項目は仔細に定量化され、目標が定められていました。

会議で発言し、オフィスとデスクをきれいに片付け、新人の相談に時間を使い、顧客アンケートを確実に回収し、上司に提案し、顧客から仕事を継続して受注する。それらすべてが、「アウトプット」として要求されました。

がんじがらめにも見えますが、こうした小さなアウトプットをすることで、上司の役に立ち、同僚と協力し、部下に手を差し伸べることができ、結果として信用が積み上がります。

そして、信用の積み上げは、さらに大きな力を借りるための担保になります。

成功者と言われる人々は、皆、この繰り返しによって、大きな推進力を得ていました。

「アウトプットすれば人生が変わる」というのは、そういうことです。

最後に、この本を書くにあたり、ご協力をいただいた河出書房新社の皆様に深くお礼申し上げます。

また、普段からインスピレーションを与えてくれる、Books & Apps の読者の皆様、ティネクト株式会社のメンバー、そして執筆を支えてくれた妻に、深く感謝します。ありがとうございました。

安達裕哉

参考文献一覧

『ドラッカー名著集 1　経営者の条件』
P.F.ドラッカー著／上田惇生訳
2006年 ダイヤモンド社

『ドラッカー名著集 2　現代の経営［上］』
P.F.ドラッカー著／上田惇生訳
2006年 ダイヤモンド社

『ドラッカー名著集 3　現代の経営［下］』
P.F.ドラッカー著／上田惇生訳
2006年 ダイヤモンド社

『リーン・スタートアップ』
エリック・リース著／伊藤穰一解説／井口耕二訳
2012年 日経BP社

『影響力の正体　説得のカラクリを心理学があばく』
ロバート・B・チャルディーニ著／岩田佳代子訳
2013年 SBクリエイティブ

『アリエリー教授の「行動経済学」入門』
ダン・アリエリー著／NHK白熱教室制作チーム訳
2017年 早川書房

安達裕哉

1975年東京都生まれ。筑波大学環境科学研究科修了。世界4大会計事務所の1つである、Deloitteに入社し、12年間マネジメントコンサルティングに従事。2013年ティネクト株式会社設立。仕事、マネジメントに関するメディア「Books&Apps」(読者数月間300万人、月間PV数400万)を運営する一方、企業の現場でコンサルティング活動を行う。著書『「仕事ができるやつ」になる最短の道』(日本実業出版社刊)他多数。

デザイン　小口翔平+三沢稜(tobufune)
編集　寺井麻衣
編集協力　斉藤彰子(KWC)

人生がうまくいかないと感じる人のための超アウトプット入門

2021年3月20日　初版印刷
2021年3月30日　初版発行

著者　安達裕哉
発行者　小野寺優
発行所　株式会社河出書房新社
〒151-0051
東京都渋谷区千駄ヶ谷2-32-2
電話　03-3404-1201(営業)
03-3404-8611(編集)
http://www.kawade.co.jp/
印刷　中央精版印刷株式会社
製本　小泉製本株式会社

Printed in Japan
ISBN978-4-309-30001-6